JN084425

# 特長と使い方

## ◆ 15 時間の集中学習で入試を攻略！

1 時間で 2 ページずつ取り組み，計 15 時間（15 回）で高校入試直前の実力強化ができます。強化したい分野を，15 時間の集中学習でスピード攻略できるように入試頻出問題を選んでまとめました。

**✔ チェックポイント**
それぞれの問題の重要ポイントや，ヒントが書かれています。

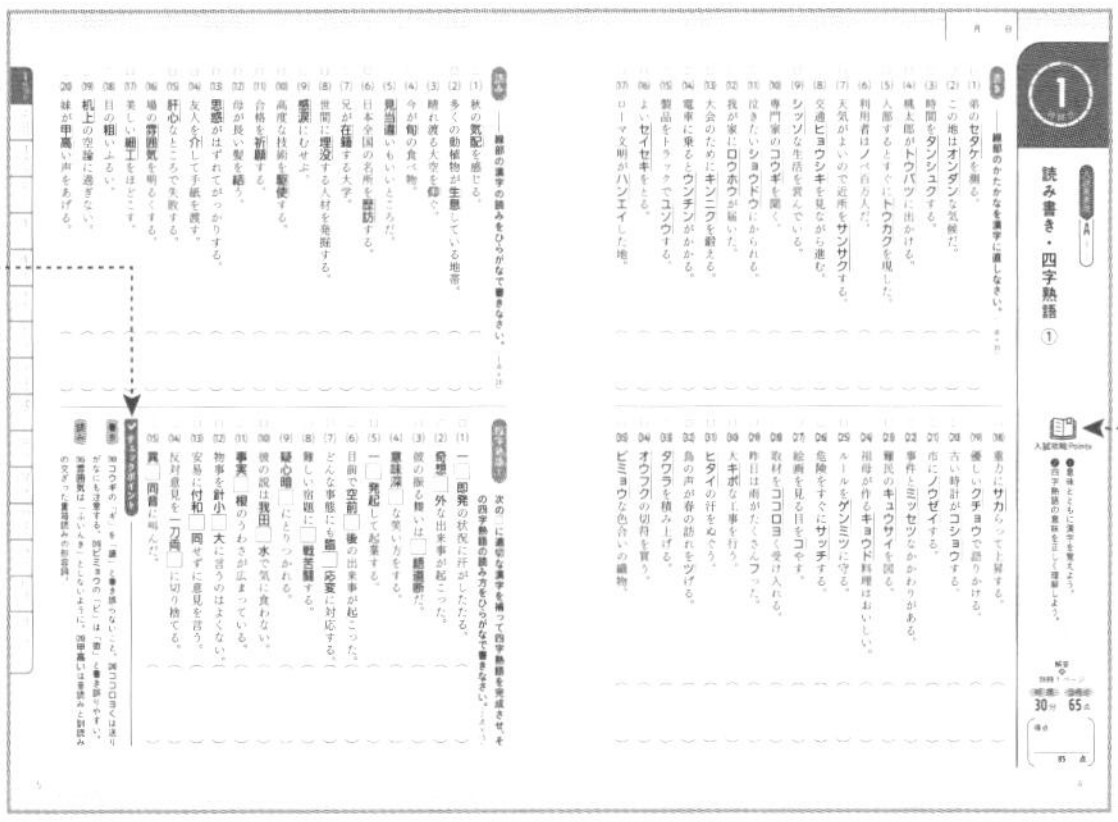


**入試攻略 Points**
入試で問われるポイントと，その対策をまとめています。

## ◆「総仕上げテスト」で入試の実戦力 UP ！

総合的な問題や，思考力が必要な問題を取り上げたテストです。15 時間で身につけた力を試しましょう。

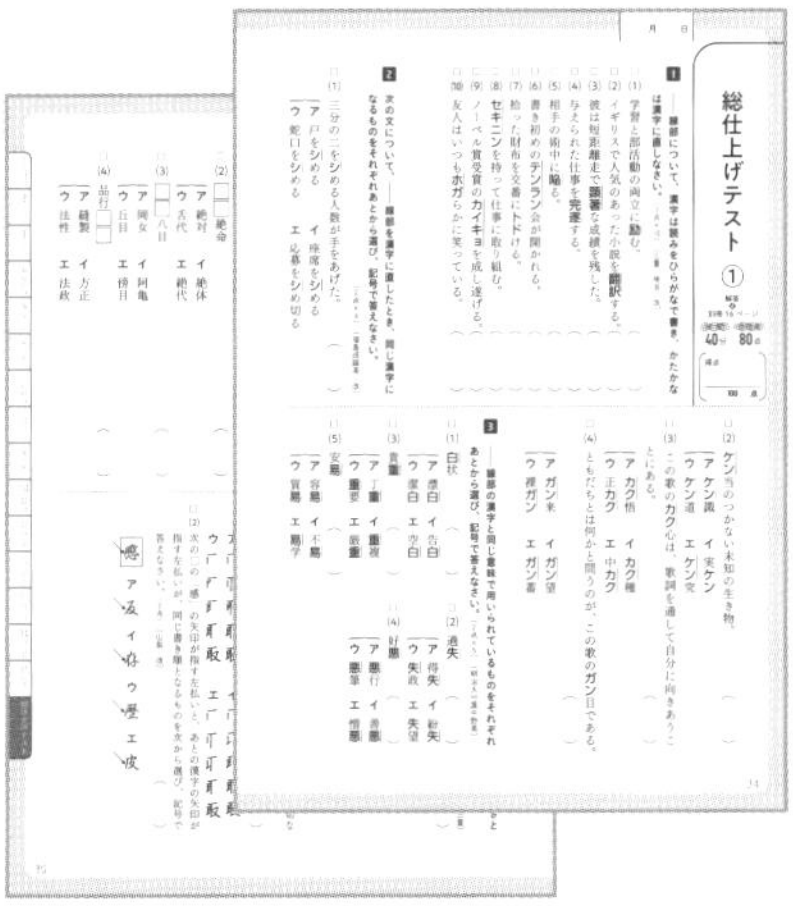


## ◆ 巻末付録「最重点 暗記カード」つき！

入試直前のチェックにも使える，持ち運びに便利な暗記カードです。理解しておきたい最重要事項を選びました。

## ◆ 解き方がよくわかる別冊「解答・解説」！

親切な解説を盛り込んだ，答え合わせがしやすい別冊の解答・解説です。間違えやすいところに **ここに注意** といったコーナーを設けています。

# 目次と学習記録表

◆ 下の表に学習日と得点を記録して，自分自身の実力を見極めましょう。
◆ 1 回だけでなく，復習のために 2 回取り組むことが，実力を強化するうえで効果的です。


特長と使い方 ……………………………… 1
目次と学習記録表 ………………………… 2
出題傾向・合格への対策 ……………… 3

| | | 1回目 | | 2回目 | |
|---|---|---|---|---|---|
| | | 学習日 | 得点 | 学習日 | 得点 |
| 1 時間目 | 読み書き・四字熟語 ① ………………………… 4 | ／ | 点 | ／ | 点 |
| 2 時間目 | 読み書き・四字熟語 ② ………………………… 6 | ／ | 点 | ／ | 点 |
| 3 時間目 | 読み書き・四字熟語 ③ ………………………… 8 | ／ | 点 | ／ | 点 |
| 4 時間目 | 読み書き・送りがな ………………………… 10 | ／ | 点 | ／ | 点 |
| 5 時間目 | 読み書き・同音異義語 ① ………………………… 12 | ／ | 点 | ／ | 点 |
| 6 時間目 | 読み書き・同音異義語 ② ………………………… 14 | ／ | 点 | ／ | 点 |
| 7 時間目 | 読み書き・同音異義語 ③ ………………………… 16 | ／ | 点 | ／ | 点 |
| 8 時間目 | 読み書き・同訓異字 ① ………………………… 18 | ／ | 点 | ／ | 点 |
| 9 時間目 | 読み書き・同訓異字 ② ………………………… 20 | ／ | 点 | ／ | 点 |
| 10 時間目 | 読み書き・類義語 ① ………………………… 22 | ／ | 点 | ／ | 点 |
| 11 時間目 | 読み書き・類義語 ② ………………………… 24 | ／ | 点 | ／ | 点 |
| 12 時間目 | 読み書き・対義語 ① ………………………… 26 | ／ | 点 | ／ | 点 |
| 13 時間目 | 読み書き・対義語 ② ………………………… 28 | ／ | 点 | ／ | 点 |
| 14 時間目 | 読み書き・誤字訂正 ① ………………………… 30 | ／ | 点 | ／ | 点 |
| 15 時間目 | 読み書き・誤字訂正 ② ………………………… 32 | ／ | 点 | ／ | 点 |
| 総仕上げテスト ① | ………………………… 34 | ／ | 点 | ／ | 点 |
| 総仕上げテスト ② | ………………………… 37 | ／ | 点 | ／ | 点 |

試験における実戦的な攻略ポイント５つ，受験日の前日と当日の心がまえ ………………………… 40


本書に関する最新情報は，小社ホームページにある**本書の「サポート情報」**をご覧ください。(開設していない場合もございます。)

なお，この本の内容についての責任は小社にあり，内容に関するご質問は直接小社におよせください。

# 出題傾向

## ◆「国語」の出題割合と傾向

〈「国語」の出題割合〉

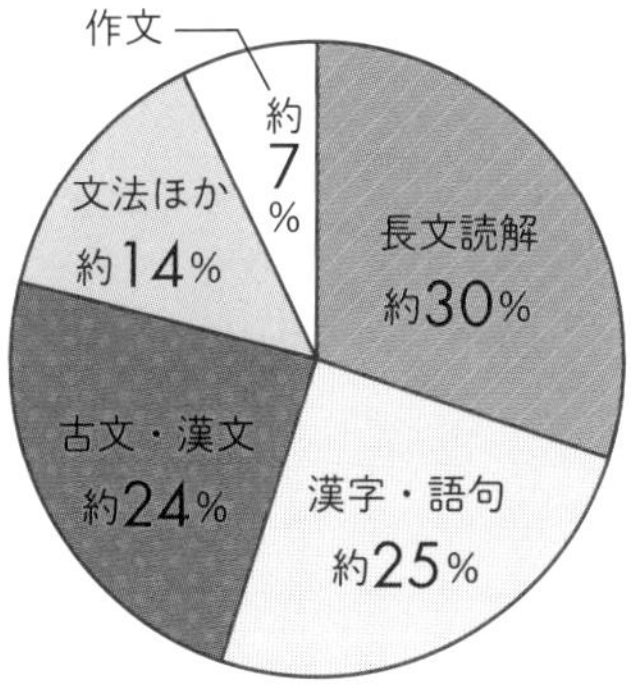


〈「国語」の出題傾向〉

- 出題される文章は，論説文・小説が中心。
  随筆からの出題は減少。
- 長文読解は，読解内容を問うものに図表の読み取りを加えた複合問題が増加。
- 古文・漢文は，現代語訳や解説文と融合した形式での出題が増加。
- 文法は，品詞の識別や意味・用法が主に出題される。
- 作文は条件作文が中心で，課題作文や短文作成は減少。

## ◆「漢字」の出題傾向

- **漢字** …………… 漢字の読み書きの問題は，文章中の傍線部について解答させる形式が多い。出題される漢字は，中学校で学習する常用漢字が中心である。
- **語句** …………… 熟語の構成，類義語や対義語，四字熟語，慣用句や故事成語など，漢字に関するさまざまな問題が出題される。

# 合格への対策

## ◆ 長文読解

試験を意識して，文章を速く読むようにしましょう。また，論説文における要旨の把握や小説における心情把握も十分に練習しましょう。

## ◆ 漢　字

漢字の読み書きは頻出のため，ふだんから漢字を使う習慣をつけましょう。

## ◆ 古文・漢文

動作主や主語・述語の関係について，しっかりおさえながら文章を読めるように練習しましょう。

## ◆ 文　法

品詞の識別やそれぞれの品詞の意味・用法はよく問われるため，品詞分類表や活用表をしっかり暗記しましょう。

## ◆ 作　文

日頃から社会問題に目を向けて周辺の知識を増やしておくとともに，条件に合わせて時間内に文章をまとめる練習をしましょう。

月　日

1 時間目

入試重要度 A B C

# 読み書き・四字熟語 ①

入試攻略Points

❶ 意味とともに漢字を覚えよう。
❷ 四字熟語の意味を正しく理解しよう。

解答 別冊1ページ

時間 30分　合格点 65点

得点　　／85点

書き ——線部のかたかなを漢字に直しなさい。（一点×35）

□ (1) 弟のセタケを測る。（　）
□ (2) この地はオンダンな気候だ。（　）
□ (3) 時間をタンシュクする。（　）
□ (4) 桃太郎がトウバツに出かける。（　）
□ (5) 入部するとすぐにトウカクを現した。（　）
□ (6) 利用者はノベ百万人だ。（　）
□ (7) 天気がよいので近所をサンサクする。（　）
□ (8) 交通ヒョウシキを見ながら進む。（　）
□ (9) シッソな生活を営んでいる。（　）
□ (10) 専門家のコウギを聞く。（　）
□ (11) 泣きたいショウドウにかられる。（　）
□ (12) 我が家にロウホウが届いた。（　）
□ (13) 大会のためにキンニクを鍛える。（　）
□ (14) 電車に乗るとウンチンがかかる。（　）
□ (15) 製品をトラックでユソウする。（　）
□ (16) よいセイセキをとる。（　）
□ (17) ローマ文明がハンエイした地。（　）
□ (18) 重力にサカらって上昇する。（　）
□ (19) 優しいクチョウで語りかける。（　）
□ (20) 古い時計がコショウする。（　）
□ (21) 市にノウゼイする。（　）
□ (22) 事件とミッセツなかかわりがある。（　）
□ (23) 難民のキュウサイを図る。（　）
□ (24) 祖母が作るキョウド料理はおいしい。（　）
□ (25) ルールをゲンミツに守る。（　）
□ (26) 危険をすぐにサッチする。（　）
□ (27) 絵画を見る目をコやす。（　）
□ (28) 取材をココロヨく受け入れる。（　）
□ (29) 昨日は雨がたくさんフった。（　）
□ (30) 大キボな工事を行う。（　）
□ (31) ヒタイの汗をぬぐう。（　）
□ (32) 鳥の声が春の訪れをツげる。（　）
□ (33) タワラを積み上げる。（　）
□ (34) オウフクの切符を買う。（　）
□ (35) ビミョウな色合いの織物。（　）

## 読み

――線部の漢字の読みをひらがなで書きなさい。（1点×20）

□ (1) 秋の**気配**を感じる。（　　）
□ (2) 多くの動植物が**生息**している地帯。（　　）
□ (3) 晴れ渡る大空を**仰**ぐ。（　　）
□ (4) 今が**旬**の食べ物。（　　）
□ (5) **見当違**いもいいところだ。（　　）
□ (6) 日本全国の名所を**歴訪**する。（　　）
□ (7) 兄が**在籍**する大学。（　　）
□ (8) 世間に**埋没**する人材を発掘する。（　　）
□ (9) **感涙**にむせぶ。（　　）
□ (10) 高度な技術を**駆使**する。（　　）
□ (11) 合格を**祈願**する。（　　）
□ (12) 母が長い髪を**結**う。（　　）
□ (13) **思惑**がはずれてがっかりする。（　　）
□ (14) 友人を**介**して手紙を渡す。（　　）
□ (15) **肝心**なところで失敗する。（　　）
□ (16) 場の**雰囲気**を明るくする。（　　）
□ (17) 美しい**細工**をほどこす。（　　）
□ (18) 目の**粗**いふるい。（　　）
□ (19) **机上**の空論に過ぎない。（　　）
□ (20) 妹が**甲高**い声をあげる。（　　）

## 四字熟語①

次の□に適切な漢字を補って四字熟語を完成させ、その四字熟語の読み方をひらがなで書きなさい。（2点×15）

□ (1) **一**□**即発**の状況に汗がしたたる。（　　）
□ (2) **奇想**□**外**な出来事が起こった。（　　）
□ (3) 彼の振る舞いは□**語道断**だ。（　　）
□ (4) **意味深**□な笑い方をする。（　　）
□ (5) **一**□**発起**して起業する。（　　）
□ (6) 目前で**空前**□**後**の出来事が起こった。（　　）
□ (7) どんな事態にも**臨**□**応変**に対応する。（　　）
□ (8) 難しい宿題に□**戦苦闘**する。（　　）
□ (9) **疑心暗**□にとりつかれる。（　　）
□ (10) 彼の説は**我田**□**水**で気に食わない。（　　）
□ (11) **事実**□**根**のうわさが広まっている。（　　）
□ (12) 物事を**針小**□**大**に言うのはよくない。（　　）
□ (13) 安易に**付和**□**同**せずに意見を言う。（　　）
□ (14) 反対意見を**一刀両**□に切り捨てる。（　　）
□ (15) **異**□**同音**に叫んだ。（　　）

### ✔チェックポイント

**書き** (10)**コウギ**の「ギ」を「議」と書き誤らないこと。(28)**ココロヨく**は送りがなにも注意する。(35)**ビミョウ**の「ビ」は「徴」と書き誤りやすい。

**読み** (16)**雰囲気**は「ふいんき」としないように。(20)**甲高い**は音読みと訓読みの交ざった重箱読みの形容詞。

2 時間目

入試重要度 A B C

# 読み書き・四字熟語 ②

入試攻略Points

● 四字熟語の成り立ったエピソードとともに、正確な字を覚えよう。

解答 別冊2ページ

時間 30分　合格点 65点

得点　　／85点

書き ――線部のかたかなを漢字に直しなさい。（一点×35）

□ (1) 電力をキョウキュウする。（　）
□ (2) 手紙に思いをギョウシュクする。（　）
□ (3) 被疑者がシャクホウされる。（　）
□ (4) 順番がギャクになる。（　）
□ (5) ごみをへらすことが課題だ。（　）
□ (6) ようやく太陽がスガタを現した。（　）
□ (7) 新しい科学雑誌がソウカンされる。（　）
□ (8) 外国でキチョウな本を発見した。（　）
□ (9) フンマツのスープを湯にとかす。（　）
□ (10) 青春をネンショウさせる。（　）
□ (11) 学校のシュウイを調査する。（　）
□ (12) 良いことは積極的にココロみる。（　）
□ (13) オンシと対面する。（　）
□ (14) 早寝早起きのシュウカン。（　）
□ (15) ゾウキ移植の手術が成功した。（　）
□ (16) 飛行機のソウジュウ席。（　）
□ (17) 伝統は日々の努力でキズかれる。（　）
□ (18) 蚕からキヌイトをとる。（　）
□ (19) 成功するというカクショウを得る。（　）
□ (20) ムギバタケをたがやす。（　）
□ (21) こんな事態はソウゾウもできなかった。（　）
□ (22) 海岸のごみをヒロう。（　）
□ (23) 春物イリョウを大量に買う。（　）
□ (24) 友人に本をカし出す。（　）
□ (25) 交通のハゲしい道路。（　）
□ (26) ケワしい山道が続く。（　）
□ (27) 道のカドを曲がる。（　）
□ (28) トナリの家の庭は美しい。（　）
□ (29) 京都タイザイは何日間の予定ですか。（　）
□ (30) 議案のカヒは半々だった。（　）
□ (31) 自分のカチカンを重視する。（　）
□ (32) ハトは平和のショウチョウといわれる。（　）
□ (33) 人生ケイケンが豊かなお年寄り。（　）
□ (34) イサイかまわず実行する。（　）
□ (35) 相手役をツトめる。（　）

## 読み ——線部の漢字の読みをひらがなで書きなさい。（1点×20）

□ (1) あまりのひどさに目を**覆**う。（　　）
□ (2) ゆるやかに**起伏**する丘。（　　）
□ (3) **地殻**変動が起こる。（　　）
□ (4) 文化遺産を**継承**していく若者たち。（　　）
□ (5) 潮の香りが**漂**っている。（　　）
□ (6) **矛盾**だらけの意見が述べられた。（　　）
□ (7) **速**やかに図書室に集合してください。（　　）
□ (8) **大概**のものが手にはいる時代になった。（　　）
□ (9) 意外なことを言われて**困惑**した。（　　）
□ (10) すでに七月**半**ばの気温になった。（　　）
□ (11) 話が**弾**む。（　　）
□ (12) やかんの**熱湯**に注意すること。（　　）
□ (13) 整列後、**点呼**をとる。（　　）
□ (14) 工学の**素養**をもつ人。（　　）
□ (15) ある情景が**脳裏**に浮かぶ。（　　）
□ (16) 軽率な過ちを**戒**められる。（　　）
□ (17) ゲームは勉強の**妨**げになります。（　　）
□ (18) **許諾**を得る。（　　）
□ (19) 力の**均衡**が保たれている。（　　）
□ (20) 校旗を**掲**げる。（　　）

## 四字熟語② 次の□に適切な漢字を補って四字熟語を完成させ、その四字熟語の読み方をひらがなで書きなさい。（2点×15）

□ (1) **晴**□**雨読**の生活を送りたい。（　　）
□ (2) **公明**□**大**な世の中を望む。（　　）
□ (3) 悪者が**一網**□**尽**につかまった。（　　）
□ (4) めったに**喜**□**哀楽**を表面に出さない。（　　）
□ (5) 彼は**立**□**出世**には興味がない。（　　）
□ (6) **大**□**小異**の意見が出た。（　　）
□ (7) **温**□**知新**を座右の銘にする。（　　）
□ (8) あの人は**八**□**美人**だ。（　　）
□ (9) 用件を**単刀直**□に申しあげます。（　　）
□ (10) もう**絶**□**絶命**の窮地です。（　　）
□ (11) **古**□**東西**に名高い名画。（　　）
□ (12) 相席した人と**意気**□**合**した。（　　）
□ (13) 科学は**森羅万**□を説明しつくせない。（　　）
□ (14) いまごろ後悔しても**自**□**自得**だ。（　　）
□ (15) **危機一**□のところで難を逃れた。（　　）

### ✔チェックポイント

**書き** (24)**カす**と「カりる」の混同に気をつけよう。(26)「検」と書き誤らないこと。

**読み** (6)**矛盾**は、書きでも出題されることが多い。(15)**脳裏**の「裏」の読み方には、特に注意しよう。「内裏」「表裏一体」などでも用いられる。

3 時間目

入試重要度 A B C

# 読み書き・四字熟語 ③

**書き** ――線部のかたかなを漢字に直しなさい。（1点×35）

□ (1) ビニール**ブクロ**にごみを入れる。
□ (2) **エンエン**と続く議論。
□ (3) 生活を**カイゼン**する。
□ (4) 情報を**シュウシュウ**する。
□ (5) 今までにない危機に**オチイ**る。
□ (6) 学者が自説を声高に**トナ**える。
□ (7) **ホガ**らかな性格だ。
□ (8) 何十**シュルイ**もの樹木が生えている。
□ (9) 大事な試合に**ショウジュン**を合わせる。
□ (10) 結論を**ミチビ**く。
□ (11) **シンピ**的な美しさに見とれる。
□ (12) 湿度を一定に**タモ**つ。
□ (13) 委員としての**セキム**を果たす。
□ (14) むだな作業を**ハブ**く。
□ (15) どの**ケイレツ**の放送局なのですか。
□ (16) 試合で実力を**ハッキ**する。
□ (17) かばんを**カカ**えて走り出す。
□ (18) 努力が**トロウ**に終わる。
□ (19) 環境に**ヤサ**しい生活をすべきだ。
□ (20) 洋服を作るために**サイスン**する。
□ (21) 短歌は長い**デントウ**をもった文学だ。
□ (22) **コクモツ**の生産量を調べる。
□ (23) 家族を**ヤシナ**う。
□ (24) 美しい山並みが**ツラ**なる。
□ (25) 父は**オンコウ**な人柄だといわれる。
□ (26) 急ぎ打開策を**コウ**じる必要に迫られた。
□ (27) 時代の**スイイ**に対応する。
□ (28) 彼の意見に**キョウメイ**した人々が集まる。
□ (29) **キンベン**さは何よりも大切だ。
□ (30) **ケンコウ**診断を定期的に受ける。
□ (31) 時代の流れに**ソ**まらない。
□ (32) 結果より過程を**ジュウシ**したい。
□ (33) 完成した**カンセン**道路が開放された。
□ (34) 法律に従って事件を**サバ**く。
□ (35) 友人の**チュウコク**には耳を貸すべきです。

入試攻略Points

❶ 二つ以上の音や訓を持つ漢字に気をつけよう。
❷ 間違った漢字は見直して定着させよう。

解答 ⇩ 別冊 3 ページ

時間 30分　合格点 65点

得点 　/85点

1時間目 2時間目 3時間目 4時間目 5時間目 6時間目 7時間目 8時間目 9時間目 10時間目 11時間目 12時間目 13時間目 14時間目 15時間目 総仕上げテスト

## 読み ――線部の漢字の読みをひらがなで書きなさい。（1点×20）

□(1) **栽培**したトマトが赤く色づく。（　　）
□(2) **干潟**における多様な生きもの。（　　）
□(3) 先生の口調は**滑**らかである。（　　）
□(4) 電車ではお年寄りに席を**譲**りなさい。（　　）
□(5) **鋼**の包丁を使う。（　　）
□(6) 墓に花を**供**える。（　　）
□(7) 熱帯雨林に**繁茂**する樹木。（　　）
□(8) 社長は社員の心を**掌握**されている。（　　）
□(9) おたがいに**納得**するまで話し合う。（　　）
□(10) 産業分野で**著**しく進歩した。（　　）
□(11) 安全の確認を**徹底**する。（　　）
□(12) 彼女の長所はその**率直**さだ。（　　）
□(13) 青空に**映**える富士山が美しい。（　　）
□(14) 生徒会長に**就任**する。（　　）
□(15) 活力の**源泉**。（　　）
□(16) **透明**なガラスのコップ。（　　）
□(17) **顕著**な傾向が指摘されている。（　　）
□(18) 金銭**出納**帳をこまめに更新する。（　　）
□(19) 作家は言葉を**吟味**して用いる。（　　）
□(20) **余暇**を読書とスポーツで過ごす。（　　）

## 四字熟語③ 次の□に適切な漢字を補って四字熟語を完成させ、その四字熟語の読み方をひらがなで書きなさい。（2点×15）

□(1) **本末**□**倒**の結果を招いてしまう。（　　）
□(2) **一**□**両得**をねらおうとする。（　　）
□(3) □**進月歩**の科学技術。（　　）
□(4) □**路整然**とした主張。（　　）
□(5) **朝令暮**□で混乱する。（　　）
□(6) 努力と結果はいわば**表裏一**□です。（　　）
□(7) 病状が**一進一**□する。（　　）
□(8) 彼はみんなに**大言**□**語**した。（　　）
□(9) 事件の**一部**□**終**が明らかになる。（　　）
□(10) さまざまな**試**□**錯誤**を繰り返す。（　　）
□(11) これは**正真正**□のダイヤモンドだ。（　　）
□(12) **無我**□**中**で試合を戦いぬいた。（　　）
□(13) **時期尚**□な判断をする。（　　）
□(14) **起死**□**生**の策をほどこす。（　　）
□(15) 手紙を**一日**□**秋**の思いで待つ。（　　）

### ✔チェックポイント

書き (17)**カカえる**を「カカげる」の字に書き誤らないこと。(26)**コウじる**は「きへん」にしないこと。(29)**キンベン**の「キン」を「謹」としないこと。

読み (3)**滑らか**の「滑」の音読みは「カツ」。(6)**供える**の同訓異字に「備える」がある。(18)**出納**とは「お金の出し入れ」のこと。

4 時間目

入試重要度 A B C

# 読み書き・送りがな

入試攻略Points

❶意味とともに漢字を覚えよう。
❷送りがなを注意して書こう。

解答 別冊4ページ

時間 30分　合格点 65点

得点　85点

**書き** ——線部のかたかなを漢字に直しなさい。（1点×35）

□(1) この案の問題点を**シテキ**する。（　）
□(2) 毎日**ナットウ**を食べる。（　）
□(3) 話の内容を**ハアク**する。（　）
□(4) 目の**サッカク**を利用した絵。（　）
□(5) 事件の新しい**ショウコ**が出てきた。（　）
□(6) 大きな**ギセイ**を払う。（　）
□(7) テレビの**ガイネン**が変わる。（　）
□(8) 先生が転校生を**ショウカイ**する。（　）
□(9) 私は嘘《うそ》をつくことに**テイコウ**がある。（　）
□(10) 教室の**トビラ**を閉める。（　）
□(11) 新しい仲間を**カンゲイ**する。（　）
□(12) 大根を**シュウカク**する。（　）
□(13) **キョクタン**な意見を述べる。（　）
□(14) **シンコク**な表情で話を聞く。（　）
□(15) 邪魔なものを**ハイジョ**する。（　）
□(16) 洋服を**テイネイ**にたたむ。（　）
□(17) お菓子を食べるのを**ガマン**する。（　）
□(18) 市民の安全を**ホショウ**する。（　）
□(19) 町を**ジュンカン**するバスに乗る。（　）
□(20) 将来について、**シンケン**に考える。（　）
□(21) **ソボク**な味わいの料理。（　）
□(22) 鉛筆で顔の**リンカク**を描く。（　）
□(23) 兄は**ダキョウ**を許さない性格だ。（　）
□(24) 新しい**リョウイキ**について、研究する。（　）
□(25) 彼は、**トクチョウ**のある声をしている。（　）
□(26) 複雑な装置を**ソウサ**する。（　）
□(27) 妹の**キゲン**が直る。（　）
□(28) 天井から**キミョウ**な音が聞こえる。（　）
□(29) 物事を**チツジョ**立てて考える。（　）
□(30) **イゼン**として、道路工事は進まない。（　）
□(31) 雪が降ることを**ゼンテイ**に予定を考える。（　）
□(32) 試合の**テンカイ**を見守る。（　）
□(33) **メンミツ**な計画を立てる。（　）
□(34) 気温が高くなる**ケイコウ**がある。（　）
□(35) 仲間の**キンチョウ**をほぐす。（　）

## 読み ——線部の漢字の読みをひらがなで書きなさい。（1点×20）

□ (1) ベランダに**鉢植**えを置く。（　　）
□ (2) 美術部で部員を**募**る。（　　）
□ (3) 与えられた任務を**遂行**する。（　　）
□ (4) 叔母と**頻繁**に連絡を取る。（　　）
□ (5) 草むらにたぬきが**潜**む。（　　）
□ (6) **商**いをする。（　　）
□ (7) 遠くで**風鈴**の音が聞こえる。（　　）
□ (8) 窓の外を**凝視**した。（　　）
□ (9) 祖父は犬を**伴**って、散歩する。（　　）
□ (10) 料理の知識に**乏**しい。（　　）
□ (11) 小学校のときの思い出に**浸**る。（　　）
□ (12) 左右の確認を**怠**る。（　　）
□ (13) 君は**唯一**無二の親友だ。（　　）
□ (14) 無駄な出費を**抑**える。（　　）
□ (15) 荷物を部屋の**隅**に置く。（　　）
□ (16) 図書室で資料を**閲覧**する。（　　）
□ (17) 卒業旅行を**企**てる。（　　）
□ (18) 森を**貫**く道路。（　　）
□ (19) 空気が**希薄**な高山。（　　）
□ (20) 彼女は、何事にも自信**過剰**だ。（　　）

## 送りがな ——線部のかたかなを漢字と送りがなで書きなさい。（2点×15）

□ (1) カーテンを開けて朝日を**アビル**。（　　）
□ (2) 魚屋を**イトナム**。（　　）
□ (3) 野球の試合に**ノゾム**。（　　）
□ (4) 家に友達を**マネク**。（　　）
□ (5) 危険な道を**サケル**。（　　）
□ (6) 畑を**タガヤス**。（　　）
□ (7) 美術館を**オトズレル**。（　　）
□ (8) 太い柱で屋根を**ササエル**。（　　）
□ (9) 弟を**ナグサメル**。（　　）
□ (10) **キビシイ**暑さが続く。（　　）
□ (11) サッカーチームへの加入を**ススメル**。（　　）
□ (12) クラゲが波に**タダヨウ**。（　　）
□ (13) **アザヤカ**な色で塗る。（　　）
□ (14) 朝寝坊して**アワテル**。（　　）
□ (15) **ユルヤカ**なカーブを曲がる。（　　）

### ✔チェックポイント

書き　(1)シテキの「テキ」を「適」「敵」と書き誤らないこと。(25)トクチョウの「チョウ」は「微」と書き誤りやすい。

読み　(5)潜むの「潜」の音読みは「セン」、「潜水(せんすい)」など。(13)唯一は「ゆいつ」としないように。

5 時間目

入試重要度 A B C

# 読み書き・同音異義語 ①

入試攻略Points

❶文意に合った同音異義語を書けるようにしよう。
❷送りがなも問われることがあるので注意。

解答 ⇩ 別冊5ページ

時間 30分　合格点 65点

得点　　／85点

**書き**　——線部のかたかなを漢字に直しなさい。（1点×35）

□ (1) この辺りは**リンカイ**工業地域だ。（　　）
□ (2) **スジミチ**を立てて話す。（　　）
□ (3) **ケサ**から激しい雨になった。（　　）
□ (4) お互いに**ジョウホ**し合う。（　　）
□ (5) 食料を**チョゾウ**する。（　　）
□ (6) 出港の**キテキ**が響く。（　　）
□ (7) **オサナ**い弟たちの世話をする。（　　）
□ (8) 川に**ソ**って線路が続く。（　　）
□ (9) 昨夜と同様の**ジタイ**となった。（　　）
□ (10) 作品の**ヒヒョウ**が新聞に載っている。（　　）
□ (11) 技術者としての**カブ**が上がる。（　　）
□ (12) 作家の**ドクトク**の文体を味読する。（　　）
□ (13) 水分を**キュウシュウ**した布。（　　）
□ (14) **コウフン**した観客。（　　）
□ (15) **シンチョウ**に判断する。（　　）
□ (16) 彼女は部長の**コウホ**となった。（　　）
□ (17) 頭が**コンラン**してしまった。（　　）
□ (18) **イキオ**いよく水が流れ込んでくる。（　　）
□ (19) 発想の**テンカン**が迫られている。（　　）
□ (20) 日常的に科学の**オンケイ**を受けている。（　　）
□ (21) 竹でかごを**ア**む。（　　）
□ (22) 薔薇《ばら》の**サイバイ**に取り組んでいる。（　　）
□ (23) 強敵に**イド**む。（　　）
□ (24) オリンピックが**ヘイマク**する。（　　）
□ (25) 判断の**コンキョ**をあげる。（　　）
□ (26) 釣り糸を**タ**れる。（　　）
□ (27) 兄が企業に**シュウショク**した。（　　）
□ (28) 石油を**サイクツ**する。（　　）
□ (29) **ヒマ**をつぶす。（　　）
□ (30) 書店で本を**コウニュウ**した。（　　）
□ (31) 雷の音に**ビンカン**に反応する。（　　）
□ (32) **ヨユウ**をもって準備する。（　　）
□ (33) 追突の**シュンカン**を目撃した。（　　）
□ (34) **ミリョク**ある提案をしてください。（　　）
□ (35) 司会が発言するようにと**ウナガ**した。（　　）

## 読み ——線部の漢字の読みをひらがなで書きなさい。（1点×20）

□ (1) きちょうめんなのは彼の**性分**だ。（　　）
□ (2) **逃**れられない運命もある。（　　）
□ (3) コンピュータで**制御**されている設備。（　　）
□ (4) 各国の代表が一堂に**集**う。（　　）
□ (5) 一刻の**猶予**も許されない。（　　）
□ (6) 自分自身が**誇**らしいきぶんだった。（　　）
□ (7) 手紙の**消印**を確認する。（　　）
□ (8) ふたつの**類似**点をあげてください。（　　）
□ (9) 寺の**境内**の梅が咲いている。（　　）
□ (10) 船のかじを自由自在に**操**る。（　　）
□ (11) 練習の成果を**披露**する。（　　）
□ (12) **諦**めるのはまだ早い。（　　）
□ (13) 大きく白い布を**裁**つ。（　　）
□ (14) しばらく**沈黙**がつづく。（　　）
□ (15) 紙**媒体**で宣伝する。（　　）
□ (16) 難しい仕事を**請**ける。（　　）
□ (17) **克明**な記録を残す。（　　）
□ (18) 多くの人の思いが**包含**された記念碑。（　　）
□ (19) 作品の展示会が**催**された。（　　）
□ (20) 店頭で新商品を**勧**められた。（　　）

## 同音異義語① ——線部のかたかなを漢字に直しなさい。（1点×30）

□ (1) これ**イガイ**の方法。（　　） **イガイ**な結果。（　　）
□ (2) **センキョ**の投票。（　　） 陣地を**センキョ**する。（　　）
□ (3) 車での**イドウ**。（　　） 人事**イドウ**。（　　）
□ (4) **エイリ**目的。（　　） **エイリ**な刃物。（　　）
□ (5) 品質の**ホショウ**。（　　） 損害の**ホショウ**。（　　）
□ (6) 学級会の**シンコウ**。（　　） 地域の**シンコウ**。（　　）
□ (7) 敵地に**シンコウ**する。（　　） **シンコウ**を深める。（　　）
□ (8) 研究**タイショウ**。（　　） 左右**タイショウ**。（　　）
□ (9) 音楽への**カンシン**。（　　） 正直で**カンシン**だ。（　　）
□ (10) 法則が**フヘン**性をもつ。（　　） 永久**フヘン**の真理。（　　）
□ (11) 紅葉の**ジキ**。（　　） **ジキ**をうかがう。（　　）
□ (12) **イギ**のある仕事。（　　） **イギ**申し立て。（　　）
□ (13) **エイセイ**放送。（　　） 食品**エイセイ**。（　　）
□ (14) 消化**キカン**。（　　） 宇宙から**キカン**する。（　　）
□ (15) **キカン**紙の発売。（　　） **キカン**支炎に苦しむ。（　　）

### ✔チェックポイント

書き (1)**リンカイ**の「リン」の訓読みは「ノゾ－む」。(28)**サイクツ**の「クツ」は「つちへん」にしないように注意する。

読み (5)**猶予**を書くとき、「よゆう」の「ゆう」と同じにしない。(12)**諦める**を書くとき、「締める」と書き誤らないように注意。(20)**勧める**の「勧」の音読みは「カン」、「勧誘(かんゆう)」などがある。

6 時間目

入試重要度 A B C

# 読み書き・同音異義語 ②

入試攻略Points

❶同じ漢字が含まれる同音異義語も多い。
❷読めるだけでなく、正しく書けるようにしよう。

解答 ⇩ 別冊6ページ

時間 30分　合格点 65点

得点 ／85点

**書き** ――線部のかたかなを漢字に直しなさい。（一点×35）

□(1) 特別な使命をオびる。（　　）
□(2) 素晴らしい作品はマイキョにいとまがない。（　　）
□(3) ハりのある美しい肌。（　　）
□(4) 新しい理論がコウチクされた。（　　）
□(5) 心身をキタえておく。（　　）
□(6) 現状をダハする。（　　）
□(7) 考え方にヘダたりがある。（　　）
□(8) 長年のコウセキをたたえる。（　　）
□(9) 日本は石油をモッパら輸入に頼っている。（　　）
□(10) チームの期待にコタえたい。（　　）
□(11) 役所に何度もチンジョウにでかける。（　　）
□(12) 都市キバンのさらなる充実が必要だ。（　　）
□(13) 大量消費、大量ハイキの限界。（　　）
□(14) がき大将が皆をイアツするように言った。（　　）
□(15) 静かなコハンの宿に泊まった。（　　）
□(16) 教育にタズサわる。（　　）
□(17) 優勝目指して、フンキする。（　　）

□(18) 一般にシントウしている。（　　）
□(19) チカラマカせにひき寄せる。（　　）
□(20) 油田開発のケンエキを守る。（　　）
□(21) コウカイを終えた客船が港に戻る。（　　）
□(22) 都心には高層ビルがリンリツしている。（　　）
□(23) 店に商品をオサめる。（　　）
□(24) 好きな音楽番組をロクガする。（　　）
□(25) 人々を安全な所にユウドウする。（　　）
□(26) サクインを調べる。（　　）
□(27) 脳のチュウスウから指令が発せられる。（　　）
□(28) 友人の活躍に大いにシゲキされた。（　　）
□(29) 小説のボウトウを読む。（　　）
□(30) 図書室で町のエンカクについて調べる。（　　）
□(31) ソボは今年七十歳になる。（　　）
□(32) よい行いに心からセイエンを送りたい。（　　）
□(33) 誤りをイサギヨく認める。（　　）
□(34) プレゼントのホウソウ紙を選ぶ。（　　）
□(35) 道路で遊ぶのはアブない。（　　）

1時間目
2時間目
3時間目
4時間目
5時間目
6時間目
7時間目
8時間目
9時間目
10時間目
11時間目
12時間目
13時間目
14時間目
15時間目
総仕上げテスト

## 読み　——線部の漢字の読みをひらがなで書きなさい。（一点×20）

□ (1) 双方が譲らず、**折衷**案が出された。（　　）
□ (2) ここ最近、ジレンマに**陥**っている。（　　）
□ (3) 湿布で痛みを**和**らげる。（　　）
□ (4) 教授にお話を**伺**う。（　　）
□ (5) 雲に**遮**られて山頂からは何もみえない。（　　）
□ (6) レモンの**果汁**を絞る。（　　）
□ (7) 自らを**省**みて恥じるところがない。（　　）
□ (8) **幾重**にもひだのあるカーテン。（　　）
□ (9) いっそう**拍車**がかかる。（　　）
□ (10) ルールは**厳格**に守るべきだ。（　　）
□ (11) **抑揚**をつけて文を読む。（　　）
□ (12) そこはかとない**焦燥**感にとらわれる。（　　）
□ (13) あっというまの**早業**だった。（　　）
□ (14) 木の枝に止まり、疲れを**癒**す小鳥たち。（　　）
□ (15) むなしく時が**費**えた。（　　）
□ (16) 台風は**漸次**東に移動しつつある。（　　）
□ (17) もっと練習するように**励**まされた。（　　）
□ (18) 不正の横行に**憤**りを感じる。（　　）
□ (19) ドイツ語を**習得**した。（　　）
□ (20) **潤滑**剤としての働きを期待される。（　　）

## 同音異義語②　——線部のかたかなを漢字に直しなさい。（一点×30）

□ (1) 結果と**カテイ**[A]。（　　）　**カテイ**[B]をたてる。（　　）
□ (2) **カテイ**[A]訪問。（　　）　教育**カテイ**[B]。（　　）
□ (3) **ヤセイ**[A]動物の観察。（　　）　**ヤセイ**[B]味がある。（　　）
□ (4) 理想の**ツイキュウ**[A]。（　　）　真理の**ツイキュウ**[B]。（　　）
□ (5) **ヒナン**[A]を受ける。（　　）　戦場から**ヒナン**[B]する。（　　）
□ (6) 運賃を**セイサン**[A]する。（　　）　工場**セイサン**[B]の品物。（　　）
□ (7) **ケイカイ**[A]な音楽。（　　）　徹夜で**ケイカイ**[B]する。（　　）
□ (8) 二つの**ソウイ**[A]点。（　　）　**ソウイ**[B]工夫を凝らす。（　　）
□ (9) 行動の**キジュン**[A]。（　　）　品質の**キジュン**[B]。（　　）
□ (10) 事態の**シュウシュウ**[A]。（　　）　切手の**シュウシュウ**[B]。（　　）
□ (11) **シュウカン**[A]天気予報。（　　）　**シュウカン**[B]誌。（　　）
□ (12) 五里**ムチュウ**[A]。（　　）　**ムチュウ**[B]で逃げた。（　　）
□ (13) 農業の**キカイ**[A]化。（　　）　絶好の**キカイ**[B]だ。（　　）
□ (14) **ケントウ**[A]をたたえる。（　　）　**ケントウ**[B]が外れる。（　　）
□ (15) 兄の**イコウ**[A]を聞く。（　　）　十時**イコウ**[B]出かける。（　　）

### ✔チェックポイント

書き　(2)**マイキョにいとまがない**とは「数が非常に多く、数えきれないこと」。(8)**コウセキ**の「セキ」を「のぎへん」にしない。

読み　(1)**折衷案**とは「二つ以上の案を一つにまとめた、中間的な案」。(5)**遮られて**の「遮」の音読みは「シャ」、「遮断（しゃだん）」など。(13)**早業**は訓読みする熟語。(16)**漸次**は「だんだん」という意味。

7 時間目

入試重要度 A B C

# 読み書き・同音異義語 ③

入試攻略Points
❶熟語の構成をとらえると覚えやすい。
❷似た字との混同に気をつけよう。

解答 別冊7ページ

時間 30分　合格点 65点

得点　　85点

書き　――線部のかたかなを漢字に直しなさい。（一点×35）

□(1) 橋を**カイシュウ**する。（　　）
□(2) 資金を**マカナ**う。（　　）
□(3) 練習しなかったことを**コウカイ**した。（　　）
□(4) **ジュヨウ**と供給の関係。（　　）
□(5) 疲労が**チクセキ**する。（　　）
□(6) **チョメイ**な音楽家が来日した。（　　）
□(7) 自分の欠点を**オギナ**う。（　　）
□(8) 安全のため一時**テイシ**を確実に。（　　）
□(9) 料理の**ザッシ**を見て献立をかんがえる。（　　）
□(10) 答えに困って**ダマ**りこむ。（　　）
□(11) 日本人は**ノウコウ**民族だといわれる。（　　）
□(12) **グンバイ**は東にあがった。（　　）
□(13) **カ**りたい本が見つからない。（　　）
□(14) 困難に負けず現状を**イジ**したい。（　　）
□(15) 人間は文化の**ソウゾウ**者である。（　　）
□(16) 人里**ハナ**れた山奥にいく。（　　）
□(17) 梅雨の**ム**し暑い一日。（　　）

□(18) 人生の**ヒアイ**をかんじる。（　　）
□(19) 夜ふかしは勉強に**サ**しつかえる。（　　）
□(20) 昆虫の研究に**センネン**する。（　　）
□(21) 優勝の**シュクガ**会が催される。（　　）
□(22) 水が**ホウフ**な地方。（　　）
□(23) 習うより**ナ**れよ。（　　）
□(24) 収穫した稲を**タバ**ねる。（　　）
□(25) 身ぶりを**マジ**えて話す。（　　）
□(26) 彼は、動物の**シイク**係だ。（　　）
□(27) 多くの**ジレイ**をあげて説明する。（　　）
□(28) うさぎが**ハ**ねる。（　　）
□(29) これは**カクベツ**高価なものではない。（　　）
□(30) 世界**イサン**に登録された地域。（　　）
□(31) **アバ**れる馬をなだめる。（　　）
□(32) 冗談を**マガオ**で言われると戸惑う。（　　）
□(33) **ミチ**の分野を研究したい。（　　）
□(34) 地元の**ハクラン**会に出品する。（　　）
□(35) **テンケイ**的なパターン。（　　）

## 読み ――線部の漢字の読みをひらがなで書きなさい。（1点×20）

□ (1) **危**うく電車に乗り遅れるところだった。（　　）
□ (2) **生涯**がかかった一大決心。（　　）
□ (3) 食前に手を**洗**う。（　　）
□ (4) 荷物はどこに**預**けたらいいのですか。（　　）
□ (5) 緊張を笑いで**一蹴**する。（　　）
□ (6) 彼の**奮闘**ぶりが詳しく伝えられた。（　　）
□ (7) 冷水に手を**浸**す。（　　）
□ (8) 人混みに**紛**れる。（　　）
□ (9) **太刀**筋が良い。（　　）
□ (10) 江戸城建設に**携**わった人物。（　　）
□ (11) とく点の分布に**偏**りがみられる。（　　）
□ (12) 海底に通信用ケーブルを**埋設**する。（　　）
□ (13) 新陳**代謝**を活発にする。（　　）
□ (14) 景色を**描写**する。（　　）
□ (15) 問題点が**漠然**としている。（　　）
□ (16) 母が着物を**縫**う。（　　）
□ (17) それについては**賛否**両論がある。（　　）
□ (18) 立ちふさがる問題に頭を**抱**える。（　　）
□ (19) 現実からの**逃避**はよくない。（　　）
□ (20) 提案の理由を**詳細**に説明する。（　　）

## 同音異義語③ ――線部のかたかなを漢字に直しなさい。（1点×30）

□ (1) **イジョウ**[A]な暑さ。（　　）**イジョウ**[B]で終了です。（　　）
□ (2) 他人に**カンショウ**[A]する。（　　）絵画**カンショウ**[B]。（　　）
□ (3) **カンショウ**[A]植物。（　　）**カンショウ**[B]的な気分。（　　）
□ (4) 人質の**カイホウ**[A]。（　　）校庭を**カイホウ**[B]する。（　　）
□ (5) **カイソウ**[A]の場面。（　　）店内の**カイソウ**[B]。（　　）
□ (6) **トクイ**[A]な才能をもつ。（　　）**トクイ**[B]教科は体育だ。（　　）
□ (7) 八ケ岳《やつがたけ》の**ユウシ**[A]。（　　）**ユウシ**[B]を受ける。（　　）
□ (8) 車両を**キセイ**[A]する。（　　）これは**キセイ**[B]服だ。（　　）
□ (9) ふるさとに**キセイ**[A]する。（　　）**キセイ**[B]事実。（　　）
□ (10) 係員の**シジ**[A]に従う。（　　）野党を**シジ**[B]する。（　　）
□ (11) 責任を**テンカ**[A]する。（　　）**テンカ**[B]物を食べる。（　　）
□ (12) **シコウ**[A]力を欠く。（　　）新しい法律の**シコウ**[B]。（　　）
□ (13) **シコウ**[A]雇用契約。（　　）健康**シコウ**[B]。（　　）
□ (14) 畑を**コウサク**[A]する。（　　）**コウサク**[B]する思い。（　　）
□ (15) **フキュウ**[A]の精神。（　　）広報**フキュウ**[B]室。（　　）

### ✔チェックポイント

**書き** (15) **ソウゾウ**の同音異義語は「想像」。

**読み** (5) **一蹴**とは「問題にしないではねつける」こと。(8) **紛れる**の「紛」の音読みは「フン」で、「紛失」などに用いられる。(13) **新陳代謝**とは「古いものが新しいものと入れ替わる」こと。

8 時間目

入試重要度 A **B** C

# 読み書き・同訓異字 ①

入試攻略Points

❶とめ、はね、はらいを正確にはっきりと書こう。
❷訓を知ることは意味の理解にもつながる。

解答 別冊8ページ

時間 30分　合格点 65点

得点　　/85点

**書き**　――線部のかたかなを漢字に直しなさい。（1点×35）

□(1) そんな陰気で**シメ**っぽい話はやめよう。（　　）
□(2) 住民の**イコ**いの場。（　　）
□(3) 卒業式が**オゴソ**かにおこなわれる。（　　）
□(4) 人の心の荒廃ぶりを**ナゲ**く。（　　）
□(5) 県の催し物に**キョウサン**する。（　　）
□(6) **シンコウ**の自由は憲法が保障している。（　　）
□(7) あの絵はピカソの**ケッサク**です。（　　）
□(8) **コウゴ**自由詩を味わう。（　　）
□(9) **セイヒン**の生活を心がける。（　　）
□(10) 予期せぬ災いを**コウム**る。（　　）
□(11) **シ**いていえば、それは日本人の良心だ。（　　）
□(12) 彼は**ヨクヨウ**のない話し方をする。（　　）
□(13) **サイバンカン**に任命される。（　　）
□(14) 多くの人から**ショウサン**される。（　　）
□(15) ポジションを**カクトク**する。（　　）
□(16) 球場全体に**カンセイ**があがる。（　　）
□(17) **ヒョウシ**抜けするほど簡単な試験。（　　）
□(18) 不可能への**チョウセン**をしていこう。（　　）
□(19) くもの巣に**センリョウ**されている。（　　）
□(20) 規則正しい食事が活動の**ゲンセン**です。（　　）
□(21) 彼の発言は**ムジュン**だらけだ。（　　）
□(22) 年表に**ケイサイ**されている。（　　）
□(23) 重大なことを**ソクザ**に返答はできない。（　　）
□(24) 窓からみえる**ゼッケイ**に驚く。（　　）
□(25) 薪を**モ**やす。（　　）
□(26) 姉の誕生日に**ビンジョウ**してごちそうになる。（　　）
□(27) 怒りの**ギョウソウ**でにらみつけられた。（　　）
□(28) 文化祭での公演は大好評を**ハク**した。（　　）
□(29) 思い切って**テッキョ**する。（　　）
□(30) 多くの**ヘンケン**をはねのけて実現した。（　　）
□(31) **ダトウ**な処置。（　　）
□(32) 不要なファイルを**サクジョ**する。（　　）
□(33) すぐに止まることのできる**ジョコウ**運転。（　　）
□(34) さまざまな事情を**コウリョ**する。（　　）
□(35) 彼の**ケンキョ**な言動は好感がもてる。（　　）

## 読み　――線部の漢字の読みをひらがなで書きなさい。（一点×20）

□(1) 世界平和を祈念し、新たに鐘を**鋳造**する。（　　）
□(2) 先生の忠告を**肝**に銘じて取り組む。（　　）
□(3) 港に**帆船**が停泊している。（　　）
□(4) 文章の**要旨**をまとめる。（　　）
□(5) 船頭はさおを**巧**みに操って船を進める。（　　）
□(6) 江戸時代の**貨幣**を調べる。（　　）
□(7) **漆**塗りの美しい器を手に入れた。（　　）
□(8) **短絡**的なかんがえは慎みなさい。（　　）
□(9) **雑踏**の中を一人で歩く。（　　）
□(10) **珠玉**の名曲。（　　）
□(11) **模倣**から入るのも学習の方法です。（　　）
□(12) 鉄道の**敷設**が開発の第一段階だった。（　　）
□(13) 大河川の下流に文明は**発祥**した。（　　）
□(14) **時雨**にぬれる木々を眺めた。（　　）
□(15) 秋の紅葉の時期は**殊**に美しい。（　　）
□(16) 汚職に関係した大臣を**更迭**する。（　　）
□(17) **廃**れつつある伝統的な暮らし。（　　）
□(18) 外国**為替**を扱う。（　　）
□(19) 小春**日和**の穏やかな陽気。（　　）
□(20) 貿易赤字が大きく**膨**らんだ。（　　）

## 同訓異字①　――線部のひらがなを漢字と送りがなに直しなさい。（一点×30）

□(1) 気が**きく**A。（　　）　この薬はよく**きく**B。（　　）
□(2) 試験に**そなえる**A。（　　）　仏壇に花を**そなえる**B。（　　）
□(3) **あつい**A本。（　　）　今日は**あつい**B一日だった。（　　）
□(4) 顔を**みる**A。（　　）　医者が患者を**みる**B。（　　）
□(5) 会議で決を**とる**A。（　　）　写真を**とる**B。（　　）
□(6) ねずみを**とる**A。（　　）　会社で事務を**とる**B。（　　）
□(7) 選択を**あやまる**A。（　　）　遅刻して**あやまる**B。（　　）
□(8) 時間を**はかる**A。（　　）　問題解決を**はかる**B。（　　）
□(9) 距離を**はかる**A。（　　）　審議会に**はかる**B。（　　）
□(10) 消息を**たつ**A。（　　）　敵の退路を**たつ**B。（　　）
□(11) 家が**たつ**A。（　　）　布地を**たつ**B。（　　）
□(12) 委員長に**おす**A。（　　）　念を**おす**B。（　　）
□(13) 雨が**ふる**A。（　　）　旗を**ふる**B。（　　）
□(14) 頭が**いたむ**A。（　　）　果物が**いたむ**B。（　　）
□(15) 布を**さく**A。（　　）　時間を**さく**B。（　　）

### ✔チェックポイント

書き　⑼**セイヒン**は「私欲がなく生活が質素であること」という意味。⑾**シいて**の音読みは「キョウ、ゴウ」など。⑿**ヨクヨウ**は「ヨク」も「ヨウ」も字形を誤りやすいので注意。㉝**ジョコウ**の「ジョ」は「こざとへん」ではない。

読み　⒁**時雨**は、晩秋から初冬にかけて、通り雨のように降る雨のこと。⒃**更迭**は「ある地位や役職につく人がかわること」という意味。

月　日

9 時間目

入試重要度 A B C

# 読み書き・同訓異字 ②

入試攻略Points
❶意味に応じて適切に使い分けよう。
❷訓読みの送りがなに気をつけよう。

解答 別冊9ページ

時間 30分　合格点 65点

得点　／85点

書き ——線部のかたかなを漢字に直しなさい。（一点×35）

□(1) この言葉のユライを教えてください。（　）
□(2) 三十年のジュクレンした職人。（　）
□(3) 彼女はとてもセンサイだ。（　）
□(4) 不合理な決定にコウギする。（　）
□(5) ことのシンギを確かめたい。（　）
□(6) 問題を解決するホウサクを模索する。（　）
□(7) 社交ジレイではなく本音だ。（　）
□(8) ショミンの暮らしを守る法律。（　）
□(9) ユカイな思い出となっている。（　）
□(10) いつも他人にイソンしていてはいけない。（　）
□(11) 畑をカイタクする。（　）
□(12) 新規事業がようやくキドウに乗った。（　）
□(13) ゆったりと過ごしてエイキを養う。（　）
□(14) 実態が数字にタンテキにしめされている。（　）
□(15) 子犬のスコやかな成長を願う。（　）
□(16) ハクジツのもとにさらされる。（　）
□(17) 孤島にヒョウチャクする。（　）
□(18) 自らのセッソウを固く守る。（　）
□(19) 兄の助言がコウを奏した。（　）
□(20) 彼のカツヤクぶりは有名です。（　）
□(21) サンセイ権は十八歳から与えられる。（　）
□(22) 権力をコジする。（　）
□(23) タイボウの合格通知を手にした。（　）
□(24) 国際情勢のドウコウを見守る。（　）
□(25) 労働力をテイキョウする。（　）
□(26) 賞味期限を過ぎた食品をショブンする。（　）
□(27) 交通事故がヒンパツする交差点。（　）
□(28) 彼の案をショウニンする。（　）
□(29) 栄養がカタヨらないようにする。（　）
□(30) あの監督は選手からスウハイされている。（　）
□(31) コピー機のシュクショウと拡大の機能。（　）
□(32) エンカツに流通する。（　）
□(33) カイシンの笑みを浮かべる。（　）
□(34) パンがコげる。（　）
□(35) 意見のショウトツは避けたいものだ。（　）

## 読み　――線部の漢字の読みをひらがなで書きなさい。（一点×20）

□ (1) 野の花を**手折**って持ってくる。（　　）
□ (2) 豊富な知識を**蓄**える。（　　）
□ (3) **怠惰**な態度を改める。（　　）
□ (4) **無造作**にコートをはおって出て行った。（　　）
□ (5) 見たことのない**桁**の値段。（　　）
□ (6) **全幅**の信頼を寄せる。（　　）
□ (7) 古代文明の**謎**。（　　）
□ (8) **路傍**の草花にも愛情を注ぐ。（　　）
□ (9) 他国からの干渉を**排斥**する。（　　）
□ (10) 本の**体裁**がようやく整ってきた。（　　）
□ (11) 川が**蛇行**する。（　　）
□ (12) 彼を部長に**推薦**する。（　　）
□ (13) **概況**を報告する。（　　）
□ (14) 新入社員にも**容赦**なく仕事を命じた。（　　）
□ (15) **粗品**と書かれた包みをいただく。（　　）
□ (16) **梅雨**を迎える。（　　）
□ (17) 東西の**雌雄**を決する。（　　）
□ (18) 世界には**飢餓**で苦しむ人々も多い。（　　）
□ (19) 旅行の思い出を胸に**刻**む。（　　）
□ (20) 今週は**曇天**が続いている。（　　）

## 同訓異字②　――線部のひらがなを漢字と送りがなに直しなさい。（一点×30）

□ (1) 成果を**おさめる**。A（　　）　領地を**おさめる**。B（　　）
□ (2) 学問を**おさめる**。A（　　）　税金を**おさめる**。B（　　）
□ (3) 時を**へる**。A（　　）　水量が**へる**。B（　　）
□ (4) 友人の家を**たずねる**。A（　　）　安否を**たずねる**。B（　　）
□ (5) 本を**つむ**。A（　　）　新茶を**つむ**。B（　　）
□ (6) 頼まれた仕事を**うける**。A（　　）　相談を**うける**。B（　　）
□ (7) 洗濯物が**かわく**。A（　　）　のどが**かわく**。B（　　）
□ (8) 危険を**おかす**。A（　　）　あやまちを**おかす**。B（　　）
□ (9) 過去を**かえりみる**。A（　　）　自らを**かえりみる**。B（　　）
□ (10) 大多数を**しめる**。A（　　）　帯を**しめる**。B（　　）
□ (11) 水が**すむ**。A（　　）　用事が**すむ**。B（　　）
□ (12) 高い山に**のぼる**。A（　　）　月が**のぼる**。B（　　）
□ (13) 定職に**つく**。A（　　）　インクが**つく**。B（　　）
□ (14) 傷を**おう**。A（　　）　後ろ姿を**おう**。B（　　）
□ (15) 問題を**とく**。A（　　）　先生が学生に理論を**とく**。B（　　）

### ✔チェックポイント

書き　(19)**コウを奏する**とは「成果が現れる」という意味。「効」としないように注意。

読み　(1)**手折って**の「手」の読み方は「手向ける」「手綱」「手繰る」などでも用いられる。(3)**怠惰**とは怠けてだらしがない様子。(13)**概況**とは物事の大体の様子。

10 時間目

入試重要度 A **B** C

# 読み書き・類義語 ①

入試攻略Points

❶文章表現に使用できるように、理解を深めよう。
❷類義語はうろ覚えになりやすいので気をつけよう。

解答 別冊10ページ

時間 30分　合格点 65点

得点 　　／85点

書き　――線部のかたかなを漢字に直しなさい。（一点×35）

□(1) しっかりとひもでシバってください。（　）
□(2) ホンポウに生きる。（　）
□(3) 何事にもシュウチャクしない性格。（　）
□(4) 市がシュサイする成人式。（　）
□(5) 法律のシュシに沿った判決。（　）
□(6) 調査のため、現地にオモムく。（　）
□(7) けが人をカンゴする。（　）
□(8) 冷暖房のカンビされた教室。（　）
□(9) 仕事がジャマされる。（　）
□(10) この映画のラストシーンはアッカンだ。（　）
□(11) 成功してもウチョウテンになるな。（　）
□(12) コンテイから理論をくつがえす。（　）
□(13) 目標を達成し、さぞホンモウだろう。（　）
□(14) 誰の目にもジメイである。（　）
□(15) 手カゲンする。（　）
□(16) 公共シセツの利用をすすめる。（　）
□(17) ハクシの学位を得る。（　）
□(18) そのツド一から始める。（　）
□(19) 細菌のハンショクを防ぐ。（　）
□(20) バツグンの運動神経を誇る。（　）
□(21) 起床後に全員のテンコをとる。（　）
□(22) 目をオオうばかりの惨状。（　）
□(23) 海にシズんだ財宝。（　）
□(24) 若さとジュウナン性に満ちている。（　）
□(25) その計画は一時トウケツされた。（　）
□(26) 成分のチュウシュツに成功した。（　）
□(27) 機械化がソクシンされた工場。（　）
□(28) 教室のセイソウを行っています。（　）
□(29) 大きなフサイをようやく返済した。（　）
□(30) ソッチョクな意見を求めます。（　）
□(31) 事故で車の流れがトドコオる。（　）
□(32) 谷川の水でのどをウルオす。（　）
□(33) シュビ一貫している。（　）
□(34) 異論がサットウする。（　）
□(35) あゆのチギョを育てる。（　）

## 読み　——線部の漢字の読みをひらがなで書きなさい。（一点×20）

□ (1) **最寄**りの駅で降りる。（　　）
□ (2) 体裁を**整**える。（　　）
□ (3) **肥沃**な土の恵み。（　　）
□ (4) **歌舞伎**を見に行きたい。（　　）
□ (5) そんな**陳腐**な表現では感動できない。（　　）
□ (6) 先生の手を**煩**わせることはいたしません。（　　）
□ (7) 選挙の全国**遊説**。（　　）
□ (8) 溶液を**希釈**する。（　　）
□ (9) 無理な要求を**拒**む。（　　）
□ (10) 切り立った**崖**を眺める。（　　）
□ (11) **秀逸**な作品に感動する。（　　）
□ (12) 早期教育の**弊害**を指摘する。（　　）
□ (13) **拙**い英語でハンバーガーを注文する。（　　）
□ (14) **効験**あらたかな薬を手に入れる。（　　）
□ (15) **素手**でボールを捕った。（　　）
□ (16) **愛憎**は紙一重だ。（　　）
□ (17) ビタミンCを**摂取**する。（　　）
□ (18) 弟は**元来**がんばり屋だ。（　　）
□ (19) 彼は事件の**鍵**を握る人物だ。（　　）
□ (20) **雨漏**りの修理をする。（　　）

## 類義語①　次の【　】から類義語の関係になる組み合わせを一組選んで書きなさい。（一点×30）

□ (1) 【歓迎・迎合・迎春・追従・服従】（　　）（　　）
□ (2) 【異議・異義・存外・異論・抗議】（　　）（　　）
□ (3) 【時価・安定・安価・安易・廉価】（　　）（　　）
□ (4) 【推察・測定・観測・偵察・憶測】（　　）（　　）
□ (5) 【集合・混乱・集会・解散・会合】（　　）（　　）
□ (6) 【新聞・評判・批判・風聞・判別】（　　）（　　）
□ (7) 【専門・没頭・専念・埋没・念頭】（　　）（　　）
□ (8) 【案外・号外・論外・意外・郊外】（　　）（　　）
□ (9) 【外見・外堀・出来・体裁・虚栄】（　　）（　　）
□ (10) 【気質・気概・性格・性能・気品】（　　）（　　）
□ (11) 【徐行・除外・解除・排斥・切除】（　　）（　　）
□ (12) 【賃金・賃料・給料・賃貸・給付】（　　）（　　）
□ (13) 【効用・結果・過程・成功・効果】（　　）（　　）
□ (14) 【精製・精密・密着・綿密・連綿】（　　）（　　）
□ (15) 【引導・案内・誘導・内心・歓心】（　　）（　　）

### ✓チェックポイント

書き　(10)**アッカン**は「全体の中で、最もすぐれた部分」という意味。(29)**フサイ**の同義語に「借金」がある。

読み　(1)**最寄り**は「付近」という意味。(5)**陳腐**は「平凡でありふれた」という意味。(17)**摂取**は「とり入れる」という意味で用いられる。

11 時間目

入試重要度 A **B** C

# 読み書き・類義語 ②

入試攻略Points

❶類似した他の言葉との混同に気をつけよう。
❷漢字の形と意味を合わせて習得しよう。

解答 別冊 11 ページ

時間 30分　合格点 65点

得点　　　85点

**書き**　――線部のかたかなを漢字に直しなさい。（1点×35）

□(1) 会議はおおいに**フンキュウ**した。（　　）
□(2) 年頭に今年の**キッキョウ**を占う。（　　）
□(3) **カクトウ**技を習う。（　　）
□(4) **タイコ**の生物の姿を想像する。（　　）
□(5) **カイチュウ**電灯をつける。（　　）
□(6) **キョウレツ**な洗礼を受けた。（　　）
□(7) 飛行機の**ツイラク**事故が起きた。（　　）
□(8) 体を弓なりに**ソ**らす。（　　）
□(9) 高温で空気が**ボウチョウ**した。（　　）
□(10) 飲酒運転の**ボクメツ**。（　　）
□(11) 弟は目もとに祖父の**オモカゲ**がある。（　　）
□(12) **サッソク**練習を始めよう。（　　）
□(13) このところ彼らとは**ソエン**になっている。（　　）
□(14) 新入生を部活動に**カンユウ**する。（　　）
□(15) 小説の**ギキョク**化に取り組む。（　　）
□(16) **オダ**やかな川の流れ。（　　）
□(17) 事件以来、**ジュンシ**船の数を増やした。（　　）
□(18) **リンリ**的に許されることではない。（　　）
□(19) 勇気を**フル**って立ち向かっていこう。（　　）
□(20) その提案には**ガッテン**がいかない。（　　）
□(21) 松かさの**カラ**があちこちにたまっている。（　　）
□(22) **タンセイ**を込めてつくったスープ。（　　）
□(23) **コヨミ**の上ではもう秋だ。（　　）
□(24) **カホウ**は寝て待て。（　　）
□(25) **キカ**学を学ぶ。（　　）
□(26) その場だけを取り**ツクロ**ってもだめだ。（　　）
□(27) 予定を**ヘンコウ**する。（　　）
□(28) 手紙のはじめに**ハイケイ**と書く。（　　）
□(29) **ジュシ**粘土を買う。（　　）
□(30) この機械は**アツカ**いにくい。（　　）
□(31) ギリシャの**チョウコク**を鑑賞する。（　　）
□(32) **ソウギ**に参列する。（　　）
□(33) **ソヤ**な行動をする人は嫌われる。（　　）
□(34) 地域福祉の発展に**キヨ**する。（　　）
□(35) 友人と**イッショ**に遊ぶ。（　　）

## 読み　——線部の漢字の読みをひらがなで書きなさい。（一点×20）

□(1) ここは電波の受信**圏外**だ。（　　）
□(2) この前の勝負での**雪辱**を期して戦う。（　　）
□(3) **閉塞感**がある真っ白な部屋。（　　）
□(4) 兄は海外旅行の**添乗**員をしている。（　　）
□(5) レクイエムは**鎮魂歌**といういみだ。（　　）
□(6) もはや**忘却**のかなたの出来事だ。（　　）
□(7) **憂慮**すべき事態が発生した。（　　）
□(8) この薬を皮膚に**塗布**してください。（　　）
□(9) 車の運転は**難渋**を極めた。（　　）
□(10) はやく**支度**をするように促す。（　　）
□(11) 祖母が**危篤**なので急いで帰郷する。（　　）
□(12) 祖父から**譲渡**された家に住む。（　　）
□(13) 急な知らせに**枕**をぬらす。（　　）
□(14) 上流に行くほど川幅が**狭**まる。（　　）
□(15) 彼は将来を**嘱望**されている。（　　）
□(16) **箸**休めの一品。（　　）
□(17) **累積**した赤字を解消した。（　　）
□(18) 政党の**綱領**が発表された。（　　）
□(19) 足のけがは完全に**治癒**した。（　　）
□(20) 彼は**愚問**を連発した。（　　）

## 類義語②　次の熟語の類義語になるように漢字一字を書きなさい。（一点×30）

□(1) 欠点（　）所
□(2) 最期　臨（　）
□(3) 暗示　示（　）
□(4) 宣伝（　）告
□(5) 経歴（　）歴
□(6) 手本　模（　）
□(7) 原因（　）由
□(8) 遺憾　残（　）
□(9) 用意（　）備
□(10) 傾向　風（　）
□(11) 割愛（　）略
□(12) 手段（　）法
□(13) 我慢　忍（　）
□(14) 失敗（　）失
□(15) 冷静　沈（　）
□(16) 長所（　）点
□(17) 架空　虚（　）
□(18) 欠乏（　）足
□(19) 失望　落（　）
□(20) 心配　不（　）
□(21) 対等（　）角
□(22) 覚悟（　）心
□(23) 同意（　）成
□(24) 安直　安（　）
□(25) 突然　不（　）
□(26) 思慮（　）別
□(27) 熟考　検（　）
□(28) 屈指（　）数
□(29) 天然（　）然
□(30) 光栄　名（　）

### ✔チェックポイント

書き　(16)**オダやか**は「こざとへん」にしない。(18)**リンリ**は「人間として行うべき正しい道」のこと。(34)**キヨ**の類義語は「貢献」。

読み　(7)**憂慮**は「心配して思案する」こと。(15)**嘱望**は「期待する」という意味。「嘱」を「ゾク」と読まないように注意する。

# 12時間目 読み書き・対義語 ①

入試重要度 A **B** C

入試攻略Points
❶意味とともに漢字を覚えよう。
❷類義語と対義語をセットで覚えると忘れにくい。

解答 ⇩ 別冊12ページ

時間 30分　合格点 65点

得点　　　／85点

書き ——線部のかたかなを漢字に直しなさい。（1点×35）

□(1) 雨で会場の準備にシショウをきたす。（　　）
□(2) カンタンなゲームに参加する。（　　）
□(3) 彼女の質問のイトを考える。（　　）
□(4) 研究結果を新商品にハンエイする。（　　）
□(5) 卒業旅行の費用をフタンする。（　　）
□(6) みんなのキタイに応える。（　　）
□(7) 勉強のコウリツを上げる。（　　）
□(8) 姉にボウケン小説を借りる。（　　）
□(9) 砂の城がクズれる。（　　）
□(10) ケンメイな判断を下す。（　　）
□(11) 試験の点数がケンチョに伸びた。（　　）
□(12) 新しいカンキョウに慣れる。（　　）
□(13) 彼に協力をヨウセイする。（　　）
□(14) シンボウして、こづかいを貯める。（　　）
□(15) 隣町からフニンしてきた先生。（　　）
□(16) あさがおのカンサツ記録をつける。（　　）
□(17) その試合結果にショウゲキを受けた。（　　）
□(18) 時計の修理をイライする。（　　）
□(19) 核兵器のキョウイを伝える。（　　）
□(20) 弟が足の速さをジマンする。（　　）
□(21) ヘイオンな生活を送る。（　　）
□(22) プロにヒッテキする作品。（　　）
□(23) 兄がカンヨウな態度をとる。（　　）
□(24) 適切なソチを講じる。（　　）
□(25) 優勝のカンガイに浸る。（　　）
□(26) こづかいの値上げをコウショウする。（　　）
□(27) 条件にガイトウする人。（　　）
□(28) メールの返事をサイソクする。（　　）
□(29) 外国に大使をハケンする。（　　）
□(30) 他人にメイワクをかけない。（　　）
□(31) 二つの箱の重さをヒカクする。（　　）
□(32) 紙のムダを減らす。（　　）
□(33) 傘をかばんにケイタイする。（　　）
□(34) ハナやかなパーティーに参加する。（　　）
□(35) この商品はショウフダの半額だ。（　　）

## 読み　——線部の漢字の読みをひらがなで書きなさい。（一点×20）

□ (1) 薬を飲むと、痛みが**緩和**された。（　　）
□ (2) 箱に彫刻を**施**す。（　　）
□ (3) 細部の装飾に**凝**る。（　　）
□ (4) **厄介**な仕事が終わる。（　　）
□ (5) 妹はよく**誇張**して話す。（　　）
□ (6) 人生の**岐路**に立つ。（　　）
□ (7) 話し合いで結論に**到達**する。（　　）
□ (8) **静寂**に包まれた神社。（　　）
□ (9) 車の通行を**妨害**する。（　　）
□ (10) 公園の木が**伐採**された。（　　）
□ (11) 試験に出る**範囲**を勉強する。（　　）
□ (12) **突如**、強い雨が降りだした。（　　）
□ (13) ボランティアで社会に**貢献**する。（　　）
□ (14) 賛成の人は**挙手**をお願いします。（　　）
□ (15) 努力は必ず**報**われる。（　　）
□ (16) **色彩**豊かな絵を飾る。（　　）
□ (17) 事実を**偽**る。（　　）
□ (18) 事件の**発端**になる出来事。（　　）
□ (19) 腕が**鈍**る。（　　）
□ (20) 新しい**堤防**ができる。（　　）

## 対義語①　次の熟語の対義語になるように漢字一字を書きなさい。（一点×30）

□ (1) 総合　分（　）
□ (2) 不純　純（　）
□ (3) 不潔（　）潔
□ (4) 急性（　）性
□ (5) 実態（　）象
□ (6) 縮小（　）張
□ (7) 倹約（　）費
□ (8) 親密（　）遠
□ (9) 繊細　大（　）
□ (10) 熱中　退（　）
□ (11) 本気（　）談
□ (12) 開会（　）会
□ (13) 義務（　）利
□ (14) 具体（　）象
□ (15) 損失　利（　）
□ (16) 禁止（　）可
□ (17) 解散（　）合
□ (18) 満潮（　）潮
□ (19) 保守（　）新
□ (20) 公開（　）密
□ (21) 進化（　）化
□ (22) 精密（　）雑
□ (23) 過密　過（　）
□ (24) 害虫（　）虫
□ (25) 未開　文（　）
□ (26) 加入（　）退
□ (27) 原告（　）告
□ (28) 着陸（　）陸
□ (29) 不足（　）分
□ (30) 前進（　）退

### ✔チェックポイント

**書き**　(9)**クズれる**は送りがなにも注意する。(29)**ハケン**の「ケン」を「遣」と書き誤らないこと。(35)**ショウフダ**は音読みと訓読みが交ざった重箱読み。

**読み**　(1)**緩和**は書きでも出題されることが多い。(18)**発端**は「はったん」としないように。

13 時間目

入試重要度 A **B** C

# 読み書き・対義語 ②

入試攻略Points

❶それぞれの熟語を関連づけて覚えよう。
❷類義語と対義語をセットで覚えると忘れにくい。

解答 別冊13ページ

時間 30分　合格点 65点

得点　　/85点

## 書き

――線部のかたかなを漢字に直しなさい。（一点×35）

□(1) 他人を**ブジョク**するような発言。（　　）
□(2) 市場の人気を**ドクセン**する。（　　）
□(3) やかんでお湯を**ワ**かす。（　　）
□(4) **フソク**の出来事に備えておこう。（　　）
□(5) 彼女は**ケッペキ**な性格です。（　　）
□(6) 平安時代の**ユウガ**な衣装を見る。（　　）
□(7) 関係資料を**モウラ**する。（　　）
□(8) 夏休みを**マンキツ**した。（　　）
□(9) **ヨウシ**端麗な女性。（　　）
□(10) 被害の**ジッタイ**を調査する。（　　）
□(11) 山の**シャメン**にみかん畑が広がる。（　　）
□(12) 夏の暑い時期を**コ**える。（　　）
□(13) **イチョウ**薬を飲む。（　　）
□(14) **ケンメイ**に努力する。（　　）
□(15) 山頂からの**ナガ**めは素晴らしい。（　　）
□(16) **フショク**した倒木。（　　）
□(17) 思わず**カンタン**の声があがる。（　　）
□(18) あれこれ**ベンカイ**するのは見苦しい。（　　）
□(19) 船に機材を**トウサイ**する。（　　）
□(20) 詩を**ロウドク**する。（　　）
□(21) **カケイ**を助けるために働く。（　　）
□(22) **ジンソク**に処理を行う。（　　）
□(23) 母は**ニュウワ**な表情で迎えてくれた。（　　）
□(24) 学校で食物**レンサ**について学んだ。（　　）
□(25) **カゼ**をひかないように気をつける。（　　）
□(26) 学校の外で**ソウグウ**する。（　　）
□(27) 返事をしばらく**ホリュウ**しておく。（　　）
□(28) 弱点を**コクフク**したい。（　　）
□(29) **カシコ**いやり方とは言えない。（　　）
□(30) 一寸の虫にも五分の**タマシイ**。（　　）
□(31) **ボクチク**をする生活。（　　）
□(32) 法律を**ジュンシュ**しなければならない。（　　）
□(33) 文化祭の展示に工夫を**コ**らす。（　　）
□(34) 悲しい知らせに**ラクタン**する。（　　）
□(35) 水墨画は墨の**ノウタン**が見事である。（　　）

## 読み　——線部の漢字の読みをひらがなで書きなさい。（1点×20）

□ (1) 駅から**送迎**バスが出ている。（　　）
□ (2) 荒れ地を**開墾**して畑にする。（　　）
□ (3) **憧**れの選手に会うことができた。（　　）
□ (4) 書物から**抜粋**する。（　　）
□ (5) 彼との口論は日常**茶飯事**だ。（　　）
□ (6) パン**生地**をしばらく寝かせておく。（　　）
□ (7) 尊敬する恩師が**逝去**された。（　　）
□ (8) **匿名**の投書は信用できない。（　　）
□ (9) **僅差**で負けて悔しい。（　　）
□ (10) 流行語の**濫用**を慎む。（　　）
□ (11) にぶい**膝**の痛み。（　　）
□ (12) **瑠璃**色のきれいな石。（　　）
□ (13) 道路の**舗装**工事が始まった。（　　）
□ (14) 自らを**卑下**することはよくない。（　　）
□ (15) 毎年、正月には神社に**詣**でる。（　　）
□ (16) 細い路地が昔の**名残**をとどめている。（　　）
□ (17) **膨大**な資料を整理する。（　　）
□ (18) **処方箋**を出しておきます。（　　）
□ (19) 名手の**誉**れが高い。（　　）
□ (20) 見えない角度から**狙撃**される。（　　）

## 対義語②　次の熟語の対義語になるように漢字一字を書きなさい。（1点×30）

□ (1) 軽率　慎（　）
□ (2) 遺失　（　）得
□ (3) 原因　（　）果
□ (4) 人工　自（　）
□ (5) 延長　短（　）
□ (6) 絶対　（　）対
□ (7) 美点　（　）点
□ (8) 団体　（　）人
□ (9) 複雑　単（　）
□ (10) 安全　危（　）
□ (11) 可決　（　）決
□ (12) 与党　（　）党
□ (13) 低俗　高（　）
□ (14) 質疑　応（　）
□ (15) 自立　依（　）
□ (16) 一般　（　）殊
□ (17) 建設　破（　）
□ (18) 容易　困（　）
□ (19) 客観　（　）観
□ (20) 生産　消（　）
□ (21) 抑制　（　）進
□ (22) 形式　（　）容
□ (23) 質素　華（　）
□ (24) 偶然　（　）然
□ (25) 巧妙　拙（　）
□ (26) 興奮　冷（　）
□ (27) 過度　（　）度
□ (28) 原則　（　）外
□ (29) 子孫　先（　）
□ (30) 集中　分（　）

### ✓チェックポイント

**書き** (7)**モウラ**の「モウ」の訓読みは「あみ」。「綱（つな）」と書き誤らないように注意する。(35)**ノウタン**は反対の意味の漢字を組み合わせた熟語。

**読み** (8)**匿名**とは、自分の名前を明らかにしないこと。(11)**膝**の偏《へん》は「にくづき」といい、体の一部をさす漢字によく見られる。

14 時間目

入試重要度 A B C

# 読み書き・誤字訂正 ①

入試攻略Points
❶文意を読み取り正誤を見抜こう。
❷慣用句に結び付く熟語に気をつけよう。

解答 別冊 14 ページ

時間 30分　合格点 65点

得点　　　85点

書き ――線部のかたかなを漢字に直しなさい。（一点×35）

□(1) それは**エタイ**の知れない物だった。（　　）
□(2) なんと**ザンコク**な光景だろう。（　　）
□(3) 黒と白の**タイショウ**が目に鮮やかだ。（　　）
□(4) 彼の**スジョウ**はまったく分からない。（　　）
□(5) 同じような話ばかりで**ショクショウ**ぎみだ。（　　）
□(6) 彼は感情の**キフク**が激しい。（　　）
□(7) 経済の成長に**コウケン**する。（　　）
□(8) 首相から**シモン**がある。（　　）
□(9) 人々に注意を**カンキ**する。（　　）
□(10) 学級**ホウカイ**が顕著になる。（　　）
□(11) 二人の作品は**コウオツ**つけがたい。（　　）
□(12) 二メートルの**ヘイ**を乗り越えた。（　　）
□(13) 敵を**クチク**する。（　　）
□(14) **ク**ち果てた小屋。（　　）
□(15) 病原菌にたいする**メンエキ**ができる。（　　）
□(16) 利益を人々に**カンゲン**しようとする。（　　）
□(17) 彼は**オオゴショ**俳優だ。（　　）
□(18) 外国と条約を**テイケツ**する。（　　）
□(19) それは失敗の**コウサン**が高い。（　　）
□(20) 父は**カイボウ**学者であった。（　　）
□(21) 自由を**キョウジュ**する。（　　）
□(22) 雪山を**セイフク**する。（　　）
□(23) **テッコウ**の輸入量が減少してきた。（　　）
□(24) 都会の空気は**オダク**している。（　　）
□(25) 動物の**セイショク**本能。（　　）
□(26) 世論の**タイセイ**は政府に批判的だ。（　　）
□(27) **カヘイ**を支払い、商品を購入する。（　　）
□(28) 自己**トウスイ**の世界であってはならない。（　　）
□(29) **ホウヨウ**力のある人間になる。（　　）
□(30) **ヘイゼイ**から災害に備えておこう。（　　）
□(31) 祖父の**ジアイ**に満ちたまなざし。（　　）
□(32) **トホ**で移動する。（　　）
□(33) 鳥が上空を**センカイ**している。（　　）
□(34) 親を**ケイエン**して友達同士で過ごす。（　　）
□(35) 車の**ケッカン**が見つかる。（　　）

## 読み　——線部の漢字の読みをひらがなで書きなさい。（1点×20）

□ (1) **丁重**に申し出を断る。（　　）
□ (2) 彼は**穏健**な考えの持ち主だ。（　　）
□ (3) 毎日を**無為**に過ごす。（　　）
□ (4) **憂**いに沈む少女の姿。（　　）
□ (5) **暁**の空を見上げる。（　　）
□ (6) カタログを**頒布**する。（　　）
□ (7) **土壇場**での逆転に成功した。（　　）
□ (8) 氷山は**荘厳**なおもむきをたたえていた。（　　）
□ (9) 老師の**示唆**に富む話。（　　）
□ (10) シャツの**襟**にアイロンをかける。（　　）
□ (11) 彼の突然の病気を**懸念**する。（　　）
□ (12) 善悪の**分別**をつける。（　　）
□ (13) からっきし**意気地**がない。（　　）
□ (14) まだらに**斑点**がある魚。（　　）
□ (15) **誰**一人、行ったことのない場所。（　　）
□ (16) 犯人は周囲の目を**欺**いた。（　　）
□ (17) 犯人の**身柄**が拘束された。（　　）
□ (18) 師が弟子を**諭**す。（　　）
□ (19) それは**悲惨**な出来事だった。（　　）
□ (20) 金メダルを**剥奪**された。（　　）

## 誤字訂正①　次の文中から誤って用いられている漢字を書き抜き、正しい漢字を書きなさい。（2点×15）

□ (1) 明確な体度を表明する。（　→　）
□ (2) 堅威ある学者の意見を紹介しよう。（　→　）
□ (3) 人事移動で転勤になる。（　→　）
□ (4) ことの真欺を確かめようではないか。（　→　）
□ (5) 心気一転仕事に励んでいる。（　→　）
□ (6) 建物の修複工事が終わった。（　→　）
□ (7) 仮空の物語を創造する。（　→　）
□ (8) 業積についての報告があった。（　→　）
□ (9) 勧覧席には父兄がたくさん来ている。（　→　）
□ (10) 地域の非難訓練に参加する。（　→　）
□ (11) 彼と彼の飼っている猫は一身同体だ。（　→　）
□ (12) 質議応答の時間を設ける。（　→　）
□ (13) 校舎の落成を祝う式展。（　→　）
□ (14) 二人でかかった費用を切半する。（　→　）
□ (15) 相手は優勝候補だったが互格に戦った。（　→　）

### ✔チェックポイント

書き　⒁**クチる**は、音読みで「キュウ」と読む。⒆**ホウヨウ**は「ホウ」も「ヨウ」も「いだく」「かかえる」という意味を持つ漢字。

読み　⑵**穏健**は「おだやかで、しっかりしている」こと。⑿**分別**は、用いられ方によって読みが変わる熟語。

# 15時間目 読み書き・誤字訂正②

入試重要度 A B C

書き　――線部のかたかなを漢字に直しなさい。（一点×35）

□ (1) 前任者の方針をトウシュウする。（　　）
□ (2) 本来の意味からイツダツしている。（　　）
□ (3) ノウコンに変わった空。（　　）
□ (4) 人々に知ってもらうためのフセキだった。（　　）
□ (5) 与えられた条件にニンジュウする。（　　）
□ (6) トウトツな発言に驚く。（　　）
□ (7) 祭りをジシュクする。（　　）
□ (8) 裁判官をヒメンする。（　　）
□ (9) この件はわたしにユダねてください。（　　）
□ (10) 予算サクゲンに反対している議員。（　　）
□ (11) 画面に映像をトウエイする。（　　）
□ (12) ヒョウソウの論理をもてあそぶな。（　　）
□ (13) 参加をジタイする。（　　）
□ (14) リャクダツ者から村を守る。（　　）
□ (15) 記憶ソウシツに陥った。（　　）
□ (16) 社員をイロウする。（　　）
□ (17) 着物に文化のシンズイを見る。（　　）

□ (18) 機械がすべて行うのは無味カンソウだ。（　　）
□ (19) 選手センセイを行う。（　　）
□ (20) 美術館でマボロシの名画を見る。（　　）
□ (21) 世間のフウチョウに流される。（　　）
□ (22) 不均衡をゼセイする。（　　）
□ (23) 毎日ジスイする。（　　）
□ (24) 物事のコッシをとらえる。（　　）
□ (25) 固くニギったげんこつ。（　　）
□ (26) その病気は蚊がバイカイして伝染する。（　　）
□ (27) 他人にキイな感じを与える。（　　）
□ (28) 多くの犠牲をダイショウに終戦した。（　　）
□ (29) 精神的オトロえを感じる。（　　）
□ (30) 相手の計画をソシする。（　　）
□ (31) 客にベンギを与える。（　　）
□ (32) ホウシ活動に取り組む。（　　）
□ (33) ここはオンビンにすまそう。（　　）
□ (34) 名月が空にはえ、えも言われぬフゼイだ。（　　）
□ (35) 多くの偉人をハイシュツした町。（　　）

入試攻略Points

● 個々の漢字の意味と文意を照らし合わせて、正誤を見抜こう。

解答 ⇩ 別冊15ページ

時間 30分　合格点 65点

得点　　／85点

## 読み　――線部の漢字の読みをひらがなで書きなさい。（1点×20）

□(1) 彼を厳しく**弾劾**した。（　　）
□(2) 孫は早くも**腕白**ぶりを発揮している。（　　）
□(3) 彼は**律儀**にすべてを報告してくれる。（　　）
□(4) あまり気を**遣**わないでください。（　　）
□(5) **逐次**、知らせる。（　　）
□(6) 全力**疾走**する。（　　）
□(7) 姉が**粋**な着こなしをする。（　　）
□(8) 今では**鎮守**の森も少なくなった。（　　）
□(9) 長年の望みを**遂**げて、優勝した。（　　）
□(10) ビザの**申請**をする。（　　）
□(11) **緩慢**な動作。（　　）
□(12) 祖父の大好きな**焼酎**。（　　）
□(13) **瞬発**力を高める。（　　）
□(14) さまざまな問題を**蔵**している。（　　）
□(15) **老舗**ののれんを守る。（　　）
□(16) エンジンを**搭載**する。（　　）
□(17) 人々は**哀悼**の意をあらわした。（　　）
□(18) この件は私の**管轄**だ。（　　）
□(19) **暫時**の休憩を挟む。（　　）
□(20) 間食を**控**える。（　　）

## 誤字訂正②　次の文中から誤って用いられている漢字を書き抜き、正しい漢字を書きなさい。（2点×15）

□(1) 挙動不信な人物。（　　→　　）
□(2) 圧到的多数の賛成を得た。（　　→　　）
□(3) ブランコから落ちて軽症を負った。（　　→　　）
□(4) 生存に不可決な栄養素を摂取する。（　　→　　）
□(5) 今月の屋賃を払う。（　　→　　）
□(6) 祖母に付き沿って病院へ行く。（　　→　　）
□(7) 会場の興奮は最高調に達した。（　　→　　）
□(8) チームの指令塔として役割を果たす。（　　→　　）
□(9) 壮厳な式典に参加する。（　　→　　）
□(10) 先生と駅で遇然出会った。（　　→　　）
□(11) 献心的な看護をうけて回復に向かう。（　　→　　）
□(12) 世界最高峰への討頂を夢見る。（　　→　　）
□(13) 先生が生徒たちを目的地に引卒する。（　　→　　）
□(14) 報導番組を見る。（　　→　　）
□(15) 医師が下熱剤を処方してくれた。（　　→　　）

### ✔チェックポイント

書き　(1)**トウシュウ**は以前のやり方にならうこと。(9)**ユダねて**は音読みで「イ」である。「季」と書き誤りやすい。

読み　(5)**逐次**と(9)**遂げる**は、書きのときに形を混同しないように注意。(18)**管轄**は「かんがい」としないように。

# 総仕上げテスト ①

解答 別冊16ページ

時間 40分　合格点 80点

得点　　100点

**1** ――線部について、漢字は読みをひらがなで書き、かたかなは漢字に直しなさい。（一点×10）〔三重・埼玉―改〕

□ (1) 学習と部活動の両立に**励**む。（　　）
□ (2) イギリスで人気のあった小説を**翻訳**する。（　　）
□ (3) 彼は短距離走で**顕著**な成績を残した。（　　）
□ (4) 与えられた仕事を**完遂**する。（　　）
□ (5) 相手の術中に**陥**る。（　　）
□ (6) 書き初めの**テンラン**会が開かれる。（　　）
□ (7) 拾った財布を交番に**トド**ける。（　　）
□ (8) **セキニン**を持って仕事に取り組む。（　　）
□ (9) ノーベル賞受賞の**カイキョ**を成し遂げる。（　　）
□ (10) 友人はいつも**ホガ**らかに笑っている。（　　）

**2** 次の文について、――線部を漢字に直したとき、同じ漢字になるものをそれぞれあとから選び、記号で答えなさい。（2点×4）〔福島成蹊高―改〕

□ (1) 三分の二を**シ**める人数が手をあげた。（　　）
　ア 戸を**シ**める　イ 座席を**シ**める
　ウ 蛇口を**シ**める　エ 応募を**シ**め切る

□ (2) **ケン**当のつかない未知の生き物。（　　）
　ア **ケン**識　イ 実**ケン**
　ウ **ケン**道　エ **ケン**究

□ (3) この歌の**カク**心は、歌詞を通して自分に向きあうことにある。（　　）
　ア **カク**悟　イ **カク**種
　ウ 正**カク**　エ 中**カク**

□ (4) ともだちとは何かと問うのが、この歌の**ガン**目である。（　　）
　ア **ガン**来　イ **ガン**望
　ウ 裸**ガン**　エ **ガン**蓄

**3** ――線部の漢字と同じ意味で用いられているものをそれぞれあとから選び、記号で答えなさい。（2点×5）〔明治大付属中野高〕

□ (1) **白**状（　　）
　ア 漂**白**　イ 告**白**
　ウ 潔**白**　エ 空**白**

□ (2) 過**失**（　　）
　ア 得**失**　イ 紛**失**
　ウ **失**政　エ **失**望

□ (3) 貴**重**（　　）
　ア 丁**重**　イ **重**複
　ウ **重**要　エ 厳**重**

□ (4) 好**悪**（　　）
　ア **悪**行　イ 善**悪**
　ウ **悪**筆　エ 憎**悪**

□ (5) 安**易**（　　）
　ア 容**易**　イ 不**易**
　ウ 貿**易**　エ **易**学

**4** 次の熟語の対義語として最も適切なものをそれぞれあとから選び、記号で答えなさい。（2点×6）〔堀越高―改〕

□(1) 義務（　　）　□(2) 具体（　　）

□(3) 依存（　　）　□(4) 違反（　　）

□(5) 供給（　　）　□(6) 統一（　　）

**ア** 順守　**イ** 分析　**ウ** 権利　**エ** 抽象

**オ** 主観　**カ** 分裂　**キ** 自立　**ク** 需要

**5** 次の四字熟語の□にあてはまる言葉をそれぞれあとから選び、記号で答えなさい。（一点×4）〔日本大明誠高―改〕

□(1) □□諾諾　（　　）
**ア** 易易　**イ** 良良
**ウ** 意意　**エ** 唯唯

□(2) □□絶命　（　　）
**ア** 絶対　**イ** 絶体
**ウ** 舌代　**エ** 絶代

□(3) □□八目　（　　）
**ア** 岡女　**イ** 阿亀
**ウ** 丘目　**エ** 傍目

□(4) 品行□□　（　　）
**ア** 縫製　**イ** 方正
**ウ** 法性　**エ** 法政

**6** ①「性質」、②「平面」、それぞれ上と下の漢字の結びつきとして、最も適切なものを次から選び、記号で答えなさい。（一点×2）〔三重〕

□①（　　）　□②（　　）

**ア** 上と下が主語と述語の関係にある語
**イ** 上が下を修飾する語
**ウ** 下が上の目的や対象を示す語
**エ** 上と下の意味が反対になる語
**オ** 上と下の意味が似ている語

**7** 次の漢字について、あとの問いに答えなさい。

□(1) 「取」という漢字を行書で書くときの筆順として最も適切なものを次から選び、記号で答えなさい。（2点）〔鹿児島―改〕（　　）

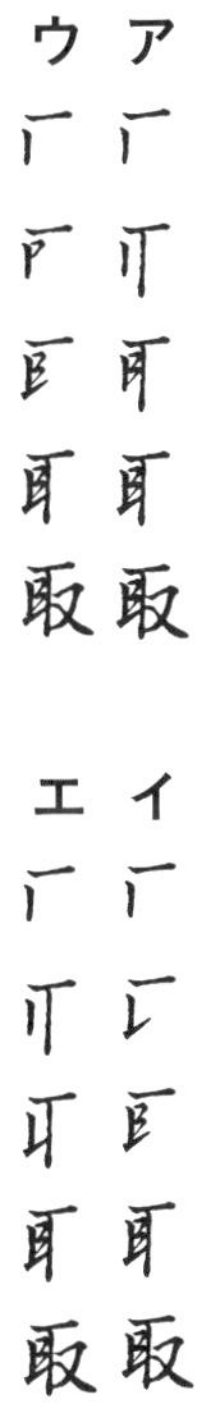

□(2) 次の□の「感」の矢印が指す左払いと、あとの漢字の矢印が指す左払いが、同じ書き順となるものを次から選び、記号で答えなさい。（2点）〔山梨―改〕（　　）

**8** **上から下、左から右の順序で読んで、二字熟語を四つ完成させられるように□に入る漢字を書きなさい。**（2点×5）〔大阪成蹊女子高〕

(1)
　球
円□抜
　教

(2)
　設
開□橋
　高

(3)
　春
送□合
　歓

(4)
　道
懐□和
　温

(5)
　得
格□豆
　完

**9** **次の(1)〜(7)のそれぞれ三つの空欄に共通する漢字を書きなさい。**（2点×7）〔近畿大学泉州高―改〕

(1) 我田□水・強□・□率
(2) 危機一□・断□・白□
(3) □刀直入・□調・簡□
(4) □我夢中・皆□・□名
(5) □果応報・原□・□縁
(6) 自□自賛・絵□・□面
(7) 心□一転・危□・□関

**10** **――線部のかたかなを漢字と送りがなで書きなさい。**（2点×13）

(1) けがの手当てを**ホドコス**。
(2) **タクミ**な技を披露する。
(3) 駅のロッカーに荷物を**アズケル**。
(4) 車で県境を**コエル**。
(5) 劇で人形を**アヤツル**。
(6) 栄養のバランスが**カタヨル**。
(7) キャベツを細かく**キザム**。
(8) 時間を無駄に**ツイヤス**。
(9) 重要な仕事を**カカエル**。
(10) 星を見るため、空を**アオグ**。
(11) 文章の要点を**オサエル**。
(12) 判断を班長に**ユダネル**。
(13) **シブイ**色の服を着る。

**チェックポイント**

**1** (3)**顕著**は「あることが特に目立っている様子」のこと。(4)**完遂**は読み間違いが多いので要注意。

**2** (4)**ガン目**は「物事の肝心なところ」という意味。

**3** 熟語を構成する漢字の意味に着目する。

**5** (1)少しも逆らわずに他人の言いなりになる様子。(3)第三者のほうが、物事の是非を当事者以上に判断できるということ。

# 総仕上げテスト ②

解答 別冊 16 ページ
時間 40分　合格点 80点
得点　　100点

**1** 次の――線部を漢字に直したとき、同じ漢字になるものを次から選び、記号で答えなさい。（5点×5）〔新潟明訓高―改〕

□(1) 他者の期待にテキカクに応える。（　）
ア 予想がテキ中する
イ テキ対関係にある
ウ 点テキ注射を打つ
エ 警テキを鳴らす
オ 快テキな生活を送る

□(2) わが国コユウの文化。（　）
ア コ人情報の保護
イ コ代ローマ帝国
ウ 頑コな性格
エ コ大広告をする
オ コ籍抄本を取る

□(3) 精神上の大きなソンショウ。（　）
ア 偉大なソン在
イ ソン害保険に加入する
ウ 子ソンに伝える
エ ソン大な態度を取る
オ ソン落共同体

□(4) 文化がセンレンされる。（　）
ア セン手必勝
イ セン制君主
ウ 選手セン誓
エ セン伏期間
オ 全自動セン濯機

□(5) 社会生活のキハンを守る。（　）
ア 権利を放キする
イ 生活のキ盤
ウ 人生のキ路
エ キ制を緩和する
オ キ上の空論

□ **2** 異なる文脈でも同じ読み方をする漢字を選んで、記号で答えなさい。（6点）〔福島成蹊高―改〕（　）

ア 人事
（　）異動が発表された。
（　）とは思えない事件だ。

イ 言語
あの教授の専攻は（　）学だ。
（　）道断の振る舞い。

ウ 市場
（　）調査が最優先だ。
国際（　）を開拓する。

エ 分別
ごみの（　）をする。
（　）のある行動を心がける。

□ **3** **次の A ・ B が反対の意味になるように、あとの［　］の漢字を組み合わせてそれぞれ二字の熟語をつくりなさい。ただし、同じ漢字は一度しか用いません。**（4点×2）〔埼玉―改〕

私の提案は、説明が十分ではなかったために班員から A されてしまった。しかし、根拠を明確にして丁寧に説明を重ねたら、今度は無事に B を得ることができた。

［賛　拒　諾　否　承］

□A［　　］　□B［　　］

□ **4** **次の――部は、反対の意味の漢字を組み合わせた二字の熟語です。□にあてはまる適切な言葉を、漢字一字で書きなさい。**（5点）〔埼玉―改〕

ピアノ奏者の緩□を自在に操った演奏に、思わず息をのんだ。

［　］

**5** **次の(1)〜(3)の四字熟語を含む文について、あとの問いに答えなさい。**

□(1) 次の文の――線部のかたかなを漢字に直しなさい。（4点）〔長野―改〕

彼に何を言っても**バジ**東風だ。

［　　］

□(2) 次の文中の□にあてはまる適切な言葉を、漢字二字で書きなさい。（4点）〔愛知〕

委員会のメンバーは個性的な人が多いため、意見は千差□であった。

［　　］

□(3) 次の文に使われている四字熟語には漢字の誤りがあります。四字熟語を正しく書き改めなさい。（4点）〔埼玉〕

彼女とは意心伝心で、お互いの気持ちがよくわかりあえる仲だ。

［　　　　］

□ **6** **次の□には、打ち消しの意味を持つ共通した漢字が一字入る。その漢字を書きなさい。**（5点）〔鳥取〕

□能　□許可　傍若□人

［　］

**7** **「登場」の熟語の成り立ち(組み立て)を説明したものとして最も適切なものを、Ⅰ群から一つ選んで、記号で答えなさい。また、「登場」と同じ成り立ちの熟語として最も適切なものを、Ⅱ群から一つ選びなさい。**（4点×2）〔京都〕

□Ⅰ群（　　）　□Ⅱ群（　　）

〔Ⅰ群〕

**ア** 下の漢字を上の漢字が修飾している。
**イ** 上の漢字と下の漢字が似た意味を持っている。
**ウ** 上の漢字と下の漢字の意味が対になっている。
**エ** 下の漢字が上の漢字の目的や対象を示している。

〔Ⅱ群〕

**オ** 握手　**カ** 公私　**キ** 校庭　**ク** 平等

**8** 次の(1)・(2)の漢字について、矢印が指す太線部は何画目に書くか。それぞれ次から選び、記号で答えなさい。（4点×2）〔仙台育英学園高〕

□ (1) 聞

ア 四画目　イ 五画目　ウ 六画目
エ 七画目　オ 八画目
（　　　）

□ (2) 発

ア 四画目　イ 五画目　ウ 六画目
エ 七画目　オ 八画目
（　　　）

□ **9** 次の文の□には「忙」の部首名が入る。あてはまる語を次から選び、記号で答えなさい。（5点）〔日本大明誠高―改〕

「忙しい」の「忙」の字は、心（□）を亡《な》くしていると書く。

ア りっしんべん　イ しめすへん
ウ こざとへん　エ けものへん
（　　　）

**10** 次の行書で書く字について、あとの問いに答えなさい。

(1) 「清水」と「柳陰《やなぎかげ》」を毛筆で書き、発表のときに見せることにした。行書で書かれた「清」と「柳」の偏《へん》として最も適切なものを、「清」はあとのⅠ群から、「柳」はあとのⅡ群から、それぞれ一つずつ選んで、記号で答えなさい。（4点×2）〔京都―改〕

□ Ⅰ群（　　　）　□ Ⅱ群（　　　）

〔Ⅰ群〕

ア 　イ 　ウ 　エ 

〔Ⅱ群〕

オ 　カ 　キ 　ク 

□ (2) 「他」という漢字の旁《つくり》と組み合わせて、別の漢字をつくることができる偏が、行書で書かれた次の選択肢の中に一つある。ア〜エから選び、記号で答えなさい。（4点）〔滋賀〕（　　　）

ア 　イ 　ウ 　エ 

□ **11** 次の①〜④は、いずれも同じ一字の漢字を説明したものです。説明されている漢字一字を書きなさい。（6点）〔埼玉〕

① この漢字の部首は、繊維や織物などを表す。
② この漢字は十画で、「飾らないさま」、「本来の、もともとの」などの意味をもつ。
③ この漢字は「質」、「平」、「元」などの漢字と結びつき、二字の熟語をつくる。
④ この漢字は「手」や「足」などの漢字と結びついて熟語をつくるとき、ほかに何も加わっていない様子を表す。

□

**チェックポイント**

**2** 同じ漢字で読みが異なる場合、違う意味合いで使われていると考えよう。

**8** (2)は「はつがしら」の一部を指している。

**10** 清の偏は「さんずい」、柳の偏は「きへん」である。

**11** ①「部首」には「偏」「旁」「かんむり」「かまえ」「あし」等がある。

## 試験における実戦的な攻略ポイント５つ

**① 問題文をよく読もう！**

問題文をよく読み，意味の取り違えや読み間違いがないように注意しよう。
選択肢問題や計算問題，記述式問題など，解答の仕方もあわせて確認しよう。

**② 解ける問題を確実に得点に結びつけよう！**

解ける問題は必ずある。試験が始まったらまず問題全体に目を通し，自分の解けそうな問題から手をつけるようにしよう。
くれぐれも簡単な問題をやり残ししないように。

**③ 答えは丁寧な字ではっきり書こう！**

答えは，誰が読んでもわかる字で，はっきりと丁寧に書こう。
せっかく解けた問題が誤りと判定されることのないように注意しよう。

**④ 時間配分に注意しよう！**

手が止まってしまった場合，あらかじめどのくらい時間をかけるべきかを決めておこう。解けない問題にこだわりすぎて時間が足りなくなってしまわないように。

**⑤ 答案は必ず見直そう！**

できたと思った問題でも，誤字脱字，計算間違いなどをしているかもしれない。ケアレスミスで失点しないためにも，必ず見直しをしよう。

## 受験日の前日と当日の心がまえ

**前日**

- 前日まで根を詰めて勉強することは避け，暗記したものを確認する程度にとどめておこう。
- 夕食の前には，試験に必要なものをカバンに入れ，準備を終わらせておこう。
また，試験会場への行き方なども，前日のうちに確認しておこう。
- 夜は早めに寝るようにし，十分な睡眠をとるようにしよう。もし翌日の試験のことで緊張して眠れなくても，遅くまでスマートフォンなどを見ず，目を閉じて心身を休めることに努めよう。

**当日**

- 朝食はいつも通りにとり，食べ過ぎないように注意しよう。
- 再度持ち物を確認し，時間にゆとりをもって試験会場へ向かおう。
- 試験会場に着いたら早めに教室に行き，自分の席を確認しよう。また，トイレの場所も確認しておこう。
- 試験開始が近づき緊張してきたときなどは，目を閉じ，ゆっくり深呼吸しよう。

高校入試対策

# 漢字 最重点 暗記カード

## ① 読み書き

チェック欄

次の——線部のかたかなを漢字に直しなさい。

(1) **ビミョウ**な色合い。
(2) 泣きたい**ショウドウ**にかられる。
(3) 平和の**ショウチョウ**。
(4) 話が**ムジュン**する。

## ② 読み書き

次の——線部のかたかなを漢字に直しなさい。

(1) 旗を**カカ**げる。
(2) 機械を**ソウジュウ**する。
(3) 企業に**シュウショク**する。
(4) 言葉を**ギンミ**して用いる。

## ③ 読み書き

次の——線部のかたかなを漢字に直しなさい。

(1) お互いに**ジョウホ**する。
(2) お寺の**ケイダイ**。
(3) **イサン**を残す。
(4) 新陳**タイシャ**を上げる。

## ④ 読み書き

次の——線部のかたかなを漢字に直しなさい。

(1) **マイキョ**にいとまがない。
(2) 期待と不安が**コウサク**する。
(3) **ヨクヨウ**をつけて話す。
(4) **ソクザ**に答える。

## ⑤ 読み書き

次の——線部のかたかなを漢字に直しなさい。

(1) 金銭**スイトウ**帳をつける。
(2) **テイサイ**を整える。
(3) **シンセイ**書を書く。
(4) 知識を**チクセキ**する。

## ⑥ 読み書き

次の——線部のかたかなを漢字に直しなさい。

(1) 話の内容を**ハアク**する。
(2) **キョウレツ**な一撃。
(3) 将来を**ショクボウ**される。
(4) 詩を**ロウドク**する。

## ⑦ 読み書き

次の——線部のかたかなを漢字に直しなさい。

(1) 自らを**ヒゲ**する。
(2) 勝利を目指して**フンキ**する。
(3) 油田開発の**ケンエキ**を守る。
(4) 前任者の方針を**トウシュウ**する。

## ⑧ 読み書き

次の——線部のかたかなを漢字に直しなさい。

(1) **チョメイ**な音楽家。
(2) 静かな**コハン**の宿。
(3) 青春を**ネンショウ**させる。
(4) 夕日に**ハ**える富士山が美しい。

## ⑨ 読み書き

次の——線部のかたかなを漢字に直しなさい。

(1) 責任を**オ**う。
(2) 問題点を**シテキ**する。
(3) 現状を**ダハ**する。
(4) 自由**ホンポウ**に振る舞う。

## ⑩ 読み書き

次の——線部のかたかなを漢字に直しなさい。

(1) 強敵に**イド**む。
(2) オリンピックが**ヘイマク**する。
(3) 環境に**ヤサ**しい生活。
(4) 鳥の声が春の訪れを**ツ**げる。

## ⑪ 読み書き

次の——線部のかたかなを漢字に直しなさい。

(1) 心身を**キタ**えておく。
(2) **ゾウキ**移植の手術。
(3) 釣り糸を**タ**れる。
(4) 住民の**イコ**いの場。

(切り取り線)

## ① 読み書き ☐

次の——線部の漢字の読みを答えなさい。

(1) **微妙**な色合い。
(2) 泣きたい**衝動**にかられる。
(3) 平和の**象徴**。
(4) 話が**矛盾**する。

## 暗記カードの使い方

★ 覚えておきたい頻出漢字を選びました。
おもて面からうら面、うら面からおもて面へと学習を進めて、確実に身に付けましょう。
★ ……線にそって切り離し、パンチでとじ穴をあけてリングに通しておきましょう。
★ 覚えたら、□にチェックしましょう。

## ② 読み書き ☐

次の——線部の漢字の読みを答えなさい。

(1) 旗を**掲**げる。
(2) 機械を**操縦**する。
(3) 企業に**就職**する。
(4) 言葉を**吟味**して用いる。

## ③ 読み書き ☐

次の——線部の漢字の読みを答えなさい。

(1) お互いに**譲歩**する。
(2) お寺の**境内**。
(3) **遺産**を残す。
(4) 新陳**代謝**を上げる。

## ④ 読み書き ☐

次の——線部の漢字の読みを答えなさい。

(1) **枚挙**にいとまがない。
(2) 期待と不安が**交錯**する。
(3) **抑揚**をつけて話す。
(4) **即座**に答える。

## ⑤ 読み書き ☐

次の——線部の漢字の読みを答えなさい。

(1) 金銭**出納**帳をつける。
(2) **体裁**を整える。
(3) **申請**書を書く。
(4) 知識を**蓄積**する。

## ⑥ 読み書き ☐

次の——線部の漢字の読みを答えなさい。

(1) 話の内容を**把握**する。
(2) **強烈**な一撃。
(3) 将来を**嘱望**される。
(4) 詩を**朗読**する。

## ⑦ 読み書き ☐

次の——線部の漢字の読みを答えなさい。

(1) 自らを**卑下**する。
(2) 勝利を目指して**奮起**する。
(3) 油田開発の**権益**を守る。
(4) 前任者の方針を**踏襲**する。

## ⑧ 読み書き ☐

次の——線部の漢字の読みを答えなさい。

(1) **著名**な音楽家。
(2) 静かな**湖畔**の宿。
(3) 青春を**燃焼**させる。
(4) 夕日に**映**える富士山が美しい。

## ⑨ 読み書き ☐

次の——線部の漢字の読みを答えなさい。

(1) 責任を**負**う。
(2) 問題点を**指摘**する。
(3) 現状を**打破**する。
(4) 自由**奔放**に振る舞う。

## ⑩ 読み書き ☐

次の——線部の漢字の読みを答えなさい。

(1) 強敵に**挑**む。
(2) オリンピックが**閉幕**する。
(3) 環境に**優**しい生活。
(4) 鳥の声が春の訪れを**告**げる。

## ⑪ 読み書き ☐

次の——線部の漢字の読みを答えなさい。

(1) 心身を**鍛**えておく。
(2) **臓器**移植の手術。
(3) 釣り糸を**垂**れる。
(4) 住民の**憩**いの場。

（切り取り線）

## ⑫ 読み書き □

次の——線部の漢字の読みを答えなさい。

⑴ あの絵はピカソの**傑作**です。
⑵ 竹でかごを**編**む。
⑶ 危険を**察知**する。
⑷ 命令を**拒**む。

## ⑬ 読み書き □

次の——線部の漢字の読みを答えなさい。

⑴ 梅雨の**蒸**し暑い一日。
⑵ **根底**から理論をくつがえす。
⑶ 夕焼けで空が赤く**染**まる。
⑷ 大量消費、大量**廃棄**の限界。

## ⑭ 読み書き □

次の——線部の漢字の読みを答えなさい。

⑴ **諦**めるのはまだ早い。
⑵ 優勝の**祝賀**会が催される。
⑶ 谷川の水でのどを**潤**す。
⑷ 早寝早起きの**習慣**。

## ⑮ 読み書き □

次の——線部の漢字の読みを答えなさい。

⑴ 布で**覆**う。
⑵ 不要なファイルを**削除**する。
⑶ **暇**をつぶす。
⑷ 動物の**飼育**係。

## ⑯ 読み書き □

次の——線部の漢字の読みを答えなさい。

⑴ **果報**は寝て待て。
⑵ 最新の技術を**駆使**する。
⑶ 難民の**救済**を図る。
⑷ 時代の**推移**に対応する。

## ⑰ 読み書き □

次の——線部の漢字の読みを答えなさい。

⑴ 小説の**戯曲**化に取り組む。
⑵ 誤りを**潔**く認める。
⑶ アユの**稚魚**を放流する。
⑷ 安全な所に**誘導**する。

## ⑱ 読み書き □

次の——線部の漢字の読みを答えなさい。

⑴ お湯を**沸**かす。
⑵ 外国**為替**をあつかう銀行。
⑶ **早速**、練習を始めよう。
⑷ ゆったりと過ごして**英気**を養う。

## ⑲ 読み書き □

次の——線部の漢字の読みを答えなさい。

⑴ 一寸の虫にも五分の**魂**。
⑵ 外国と条約を**締結**する。
⑶ 裁判官を**罷免**する。
⑷ 世界の平和に**貢献**する。

## ⑳ 読み書き □

次の——線部の漢字の読みを答えなさい。

⑴ 実力を**発揮**する。
⑵ 技術者としての**株**が上がる。
⑶ 不安を笑いで**一蹴**する。
⑷ 石油を**採掘**する。

## ㉑ 読み書き □

次の——線部の漢字の読みを答えなさい。

⑴ 話を**促**す。
⑵ 揚げ物の油が**跳**ね上がる。
⑶ 信頼を**育**む。
⑷ 国道の**改修**工事。

## ㉒ 読み書き □

次の——線部の漢字の読みを答えなさい。

⑴ 学校の**沿革**を調べる。
⑵ 前菜に**箸**をつける。
⑶ **奉仕**活動に取り組む。
⑷ 紙**媒体**で宣伝する。

## ㉓ 読み書き □

次の——線部の漢字の読みを答えなさい。

⑴ 彼には**素質**がある。
⑵ 人口が**漸次**減少する。
⑶ 大役を**謹**んで受ける。
⑷ **生涯**がかかった一大決心。

（切り取り線）

## ⑫ 読み書き

次の――線部のかたかなを漢字に直しなさい。

(1) あの絵はピカソのケッサクです。
(2) 竹でかごをアむ。
(3) 危険をサッチする。
(4) 命令をコバむ。

## ⑬ 読み書き

次の――線部のかたかなを漢字に直しなさい。

(1) 梅雨のムし暑い一日。
(2) コンテイから理論をくつがえす。
(3) 夕焼けで空が赤くソまる。
(4) 大量消費、大量ハイキの限界。

## ⑭ 読み書き

次の――線部のかたかなを漢字に直しなさい。

(1) アキラめるのはまだ早い。
(2) 優勝のシュクガ会が催される。
(3) 谷川の水でのどをウルオす。
(4) 早寝早起きのシュウカン。

## ⑮ 読み書き

次の――線部のかたかなを漢字に直しなさい。

(1) 布でオオう。
(2) 不要なファイルをサクジョする。
(3) ヒマをつぶす。
(4) 動物のシイク係。

## ⑯ 読み書き

次の――線部のかたかなを漢字に直しなさい。

(1) カホウは寝て待て。
(2) 最新の技術をクシする。
(3) 難民のキュウサイを図る。
(4) 時代のスイイに対応する。

## ⑰ 読み書き

次の――線部のかたかなを漢字に直しなさい。

(1) 小説のギキョク化に取り組む。
(2) 誤りをイサギヨく認める。
(3) アユのチギョを放流する。
(4) 安全な所にユウドウする。

（切り取り線）

## ⑱ 読み書き

次の――線部のかたかなを漢字に直しなさい。

(1) お湯をワかす。
(2) 外国カワセをあつかう銀行。
(3) サッソク、練習を始めよう。
(4) ゆったりと過ごしてエイキを養う。

## ⑲ 読み書き

次の――線部のかたかなを漢字に直しなさい。

(1) 一寸の虫にも五分のタマシイ。
(2) 外国と条約をテイケツする。
(3) 裁判官をヒメンする。
(4) 世界の平和にコウケンする。

## ⑳ 読み書き

次の――線部のかたかなを漢字に直しなさい。

(1) 実力をハッキする。
(2) 技術者としてのカブが上がる。
(3) 不安を笑いでイッシュウする。
(4) 石油をサイクツする。

## ㉑ 読み書き

次の――線部のかたかなを漢字に直しなさい。

(1) 話をウナガす。
(2) 揚げ物の油がハね上がる。
(3) 信頼をハグクむ。
(4) 国道のカイシュウ工事。

## ㉒ 読み書き

次の――線部のかたかなを漢字に直しなさい。

(1) 学校のエンカクを調べる。
(2) 前菜にハシをつける。
(3) ホウシ活動に取り組む。
(4) 紙バイタイで宣伝する。

## ㉓ 読み書き

次の――線部のかたかなを漢字に直しなさい。

(1) 彼にはソシツがある。
(2) 人口がゼンジ減少する。
(3) 大役をツツシんで受ける。
(4) ショウガイがかかった一大決心。

## ㉔ 四字熟語

□にあてはまるものをあとから選びなさい。

(1) 大同□　(2) □道断

(3) 意味□　(4) □棒大

針小・小異・言語・深長

## ㉕ 四字熟語

□にあてはまるものをあとから選びなさい。

(1) □応変　(2) 疑心□

(3) 我田□　(4) 付和□

臨機・雷同・引水・暗鬼

## ㉖ 四字熟語

□にあてはまるものをあとから選びなさい。

(1) 本末□　(2) □錯誤

(3) 起死□　(4) 一日□

千秋・回生・試行・転倒

## ㉗ 四字熟語

□にあてはまるものをあとから選びなさい。

(1) □絶命　(2) 意気□

(3) 森羅□　(4) 危機□

絶体・万象・一髪・投合

## ㉘ 四字熟語

□にあてはまるものをあとから選びなさい。

(1) □雨読　(2) 事実□

(3) 公明□　(4) □知新

正大・晴耕・無根・温故

## ㉙ 四字熟語

□にあてはまるものをあとから選びなさい。

(1) □両得　(2) □整然

(3) 無我□　(4) 時期□

理路・一挙・尚早・夢中

## ㉚ 同音異義語

次の同音のかたかなを漢字に直しなさい。

① 場所を**イドウ**する。

② 部署が**イドウ**になる。

③ 研究**タイショウ**

④ 左右**タイショウ**

うら面の解答 ↓ ［①ア　②イ　③エ　④ウ］

## ㉛ 同音異義語

次の同音のかたかなを漢字に直しなさい。

① 他人に**カンショウ**する。

② 絵画**カンショウ**

③ 人質の**カイホウ**。

④ 校庭の**カイホウ**。

［①イ　②ア　③ウ　④エ］

## ㉜ 同音異義語

次の同音のかたかなを漢字に直しなさい。

① 真理の**ツイキュウ**。

② 利益の**ツイキュウ**。

③ **フキュウ**の名作。

④ 広報**フキュウ**室

［①イ　②ア　③エ　④ウ］

## ㉝ 同音異義語

次の同音のかたかなを漢字に直しなさい。

① 法則が**フヘン**性をもつ。

② 永久**フヘン**の真理。

③ 事実との**ソウイ**。

④ **ソウイ**工夫

［①イ　②ア　③エ　④ウ］

## ㉞ 同音異義語

次の同音のかたかなを漢字に直しなさい。

① 交通**キセイ**を行う。

② **キセイ**概念

③ 法律の**シコウ**。

④ **シコウ**雇用

［①ア　②イ　③エ　④ウ］

## ㉟ 同音異義語

次の同音のかたかなを漢字に直しなさい。

① 注意を**カンキ**する。

② 観客が**カンキ**する。

③ **キショウ**衛星

④ **キショウ**が激しい。

［①ア　②イ　③エ　④ウ］

（切り取り線）

## ㉕ 四字熟語 □

□にあてはまるものをあとから選びなさい。

⑴ 臨機□　⑵ □暗鬼
⑶ □引水　⑷ □雷同

応変・付和・我田・疑心

## ㉔ 四字熟語 □

□にあてはまるものをあとから選びなさい。

⑴ □小異　⑵ 言語□
⑶ □深長　⑷ 針小□

棒大・大同・道断・意味

## ㉗ 四字熟語 □

□にあてはまるものをあとから選びなさい。

⑴ 絶体□　⑵ □投合
⑶ □万象　⑷ □一髪

絶命・森羅・危機・意気

## ㉖ 四字熟語 □

□にあてはまるものをあとから選びなさい。

⑴ □転倒　⑵ 試行□
⑶ □回生　⑷ □千秋

一日・起死・錯誤・本末

## ㉙ 四字熟語 □

□にあてはまるものをあとから選びなさい。

⑴ 一挙□　⑵ 理路□
⑶ □夢中　⑷ □尚早

整然・両得・時期・無我

## ㉘ 四字熟語 □

□にあてはまるものをあとから選びなさい。

⑴ 晴耕□　⑵ □無根
⑶ □正大　⑷ 温故□

事実・雨読・公明・知新

(切り取り線)

## ㉛ 同音異義語 □

次の漢字の使い方として正しいものを選びなさい。

① 干渉　ア 絵画**カンショウ**
② 鑑賞　イ 他人に**カンショウ**する。
③ 解放　ウ 人質の**カイホウ**。
④ 開放　エ 校庭の**カイホウ**。

## ㉚ 同音異義語 □

次の漢字の使い方として正しいものを選びなさい。

① 移動　ア 場所を**イドウ**する。
② 異動　イ 部署が**イドウ**になる。
③ 対象　ウ 左右**タイショウ**
④ 対称　エ 研究**タイショウ**

## ㉝ 同音異義語 □

次の漢字の使い方として正しいものを選びなさい。

① 普遍　ア 永久**フヘン**の真理。
② 不変　イ 法則が**フヘン**性をもつ。
③ 相違　ウ **ソウイ**工夫
④ 創意　エ 事実との**ソウイ**。

## ㉜ 同音異義語 □

次の漢字の使い方として正しいものを選びなさい。

① 追究　ア 利益の**ツイキュウ**。
② 追求　イ 真理の**ツイキュウ**。
③ 不朽　ウ 広報**フキュウ**室
④ 普及　エ **フキュウ**の名作。

## ㉟ 同音異義語 □

次の漢字の使い方として正しいものを選びなさい。

① 喚起　ア 注意を**カンキ**する。
② 歓喜　イ 観客が**カンキ**する。
③ 気象　ウ **キショウ**が激しい。
④ 気性　エ **キショウ**衛星

## ㉞ 同音異義語 □

次の漢字の使い方として正しいものを選びなさい。

① 規制　ア 交通**キセイ**を行う。
② 既成　イ **キセイ**概念
③ 施行　ウ **シコウ**雇用
④ 試行　エ 法律の**シコウ**。

## ㊱ 同訓異字 □

次の漢字の使い方として正しいものを選びなさい。

① **図**　② **計**　③ **絶**　④ **断**

ア 時間を**ハカ**る。
イ 問題解決を**ハカ**る。
ウ 消息を**タ**つ。
エ 退路を**タ**つ。

## ㊲ 同訓異字 □

次の漢字の使い方として正しいものを選びなさい。

① **修**　② **納**　③ **収**　④ **治**

ア 税金を**オサ**める。
イ 学問を**オサ**める。
ウ 成果を**オサ**める。
エ 領地を**オサ**める。

## ㊳ 同訓異字 □

次の漢字の使い方として正しいものを選びなさい。

① **登**　② **昇**　③ **付**　④ **就**

ア 日が**ノボ**る。
イ 高い山に**ノボ**る。
ウ 職に**ツ**く。
エ しみが**ツ**く。

## ㊴ 同訓異字 □

次の漢字の使い方として正しいものを選びなさい。

① **勤**　② **努**　③ **解**　④ **説**

ア 泣くまいと**ツト**める。
イ 会社に**ツト**める。
ウ 問題を**ト**く。
エ 先生が理論を**ト**く。

## ㊵ 類義語 □

次の熟語と類義語になるものをあとから選びなさい。

(1) **異　論**　(2) **推　察**

**異議・推理・異常・測定・憶測**

## ㊶ 類義語 □

次の熟語と類義語になるものをあとから選びなさい。

(1) **名　誉**　(2) **覚　悟**

**心得・決心・判断・栄華・光栄**

## ㊷ 類義語 □

次の語句の関係が類義語となるように、□にあてはまる漢字を答えなさい。

(1) **短 所** ＝ □ **点**
(2) **虚 構** ＝ □ **空**
(3) **不 意** ＝ □ **然**

## ㊸ 類義語 □

次の語句の関係が類義語となるように、□にあてはまる漢字を答えなさい。

(1) **落 胆** ＝ □ **望**
(2) **互 角** ＝ □ **等**
(3) **忍 耐** ＝ **我** □

## ㊹ 類義語 □

次の語句の関係が類義語となるように、□にあてはまる漢字を答えなさい。

(1) **体 裁** ＝ □ **見**
(2) **省 略** ＝ **割** □
(3) **広 告** ＝ □ **伝**

## ㊺ 対義語 □

次の語句の関係が対義語となるように、□にあてはまる漢字を答えなさい。

(1) **相 対** ⟷ □ **対**
(2) **複 雑** ⟷ □ **純**
(3) **高 尚** ⟷ **低** □

## ㊻ 対義語 □

次の語句の関係が対義語となるように、□にあてはまる漢字を答えなさい。

(1) **特 殊** ⟷ **一** □
(2) **破 壊** ⟷ □ **設**
(3) **主 観** ⟷ □ **観**

## ㊼ 対義語 □

次の語句の関係が対義語となるように、□にあてはまる漢字を答えなさい。

(1) **偶 然** ⟷ □ **然**
(2) **抑 制** ⟷ □ **進**
(3) **依 存** ⟷ **自** □

（切り取り線）

（切り取り線）

## ㊱ 同訓異字

次の同訓のかたかなを漢字に直しなさい。

① 問題解決を**ハカ**る。
② 時間を**ハカ**る。
③ 消息を**タ**つ。
④ 退路を**タ**つ。

〔①イ　②ア　③ウ　④エ〕

## ㊲ 同訓異字

次の同訓のかたかなを漢字に直しなさい。

① 学問を**オサ**める。
② 税金を**オサ**める。
③ 成果を**オサ**める。
④ 領地を**オサ**める。

〔①イ　②ア　③ウ　④エ〕

## ㊳ 同訓異字

次の同訓のかたかなを漢字に直しなさい。

① 高い山に**ノボ**る。
② 日が**ノボ**る。
③ しみが**ツ**く。
④ 職に**ツ**く。

〔①イ　②ア　③エ　④ウ〕

## ㊴ 同訓異字

次の同訓のかたかなを漢字に直しなさい。

① 会社に**ツト**める。
② 泣くまいと**ツト**める。
③ 問題を**ト**く。
④ 先生が理論を**ト**く。

〔①イ　②ア　③ウ　④エ〕

## ㊵ 類義語

次の熟語と類義語になるものをあとから選びなさい。

⑴ **異　議**　⑵ **憶　測**

**推察・排斥・異論・抗議・測定**

## ㊶ 類義語

次の熟語と類義語になるものをあとから選びなさい。

⑴ **光　栄**　⑵ **決　心**

**尊敬・成功・覚悟・可決・名誉**

## ㊷ 類義語

次の語句の関係が類義語となるように、□にあてはまる漢字を答えなさい。

⑴ **欠 点**＝＝**短 □**
⑵ **架 空**＝＝**虚 □**
⑶ **突 然**＝＝**□ 意**

## ㊸ 類義語

次の語句の関係が類義語となるように、□にあてはまる漢字を答えなさい。

⑴ **失 望**＝＝**落 □**
⑵ **対 等**＝＝**□ 角**
⑶ **我 慢**＝＝**忍 □**

## ㊹ 類義語

次の語句の関係が類義語となるように、□にあてはまる漢字を答えなさい。

⑴ **外 見**＝＝**体 □**
⑵ **割 愛**＝＝**□ 略**
⑶ **宣 伝**＝＝**広 □**

## ㊺ 対義語

次の語句の関係が対義語となるように、□にあてはまる漢字を答えなさい。

⑴ **絶 対**←→**□ 対**
⑵ **単 純**←→**□ 雑**
⑶ **低 俗**←→**高 □**

## ㊻ 対義語

次の語句の関係が対義語となるように、□にあてはまる漢字を答えなさい。

⑴ **一 般**←→**□ 殊**
⑵ **建 設**←→**破 □**
⑶ **客 観**←→**□ 観**

## ㊼ 対義語

次の語句の関係が対義語となるように、□にあてはまる漢字を答えなさい。

⑴ **必 然**←→**□ 然**
⑵ **促 進**←→**抑 □**
⑶ **自 立**←→**依 □**

高校入試 15時間完成

# 解答・解説

漢字

## 1時間目 読み書き・四字熟語①

▼4・5ページ

### 書き

(1) 背丈
(2) 温暖 ↕寒冷
(3) 短縮
(4) 討伐
(5) 頭角
(6) 延
(7) 散策
(8) 標識 ×織
(9) 質素
(10) 講義
(11) 衝動
(12) 朗報
(13) 筋肉
(14) 運賃
(15) 輸送 ×輪
(16) 成績 ×積
(17) 繁栄
(18) 逆
(19) 口調
(20) 故障
(21) 納税
(22) 密接
(23) 救済
(24) 郷土
(25) 厳密
(26) 察知
(27) 肥
(28) 快
(29) 降
(30) 規模
(31) 額
(32) 告
(33) 俵
(34) 往復 ×複
(35) 微妙

**ここに注意**
(2)「温暖」、(3)「短縮」は同じ意味の漢字を重ねた熟語。対して(34)「往復」は「行き」と「帰り」という反対の意味の漢字を重ねた熟語。

### 読み

(1) けはい
(2) せいそく
(3) あお
(4) しゅん
(5) けんとうちが
(6) れきほう
(7) ざいせき
(8) まいぼつ
(9) かんるい
(10) くし
(11) きがん
(12) ゆ
(13) おもわく ×しわく
(14) かい
(15) かんじん
(16) ふんいき ×ふいんき
(17) さいく
(18) あら
(19) きじょう
(20) かんだか

### 四字熟語①

(1) 触・いっしょくそくはつ
(2) 天・きそうてんがい
(3) 言・ごんごどうだん
(4) 長・いみしんちょう
(5) 念・いちねんほっき
(6) 絶・くうぜんぜつご
(7) 機・りんきおうへん
(8) 悪・あくせんくとう
(9) 鬼・ぎしんあんき
(10) 引・がでんいんすい
(11) 無・じじつむこん
(12) 棒・しんしょうぼうだい
(13) 雷・ふわらいどう
(14) 断・いっとうりょうだん
(15) 口・いくどうおん

**ここに注意**
(15)異なった口で同じことを言う、の意味なので、異句(×)ではない。

ひっぱると、はずして使えます。

**書き**

(1) 供給
(2) 凝縮
(3) 釈放
(4) 逆
(5) 減
(6) 姿
(7) 創刊
(8) 貴重
(9) 粉末　×紛末
(10) 燃焼　×然
(11) 周囲
(12) 試
(13) 恩師
(14) 習慣
(15) 臓器
(16) 操縦　×従
(17) 築
(18) 絹糸
(19) 確証
(20) 麦畑
(21) 想像
(22) 拾　×捨
(23) 衣料
(24) 貸　×借
(25) 激
(26) 険
(27) 角　×門
(28) 隣
(29) 滞在
(30) 可否　×非
(31) 価値観　×感
(32) 象徴
(33) 経験
(34) 委細
(35) 務　×努・勤

**ここに注意**
(35)同訓異字としてもよく出題される。文意に応じて使い分けよう。

**読み**

(1) おお
(2) きふく
(3) ちかく　×ちこく
(4) けいしょう
(5) ただよ
(6) むじゅん
(7) すみ
(8) たいがい
(9) こんわく
(10) なか
(11) はず
(12) ねっとう
(13) てんこ
(14) そよう
(15) のうり
(16) いまし
(17) さまた
(18) きょだく
(19) きんこう
(20) かか

**ここに注意**
(6)「矛盾」とは、つじつまが合わないことで、中国の故事から出た熟語である。(14)「素養」は、身につけた技能や知識のこと。「素」は音読み、訓読みともに出題されやすいので注意。

**四字熟語②**

(1) 耕・せいこううどく
(2) 正・こうめいせいだい
(3) 打・いちもうだじん
(4) 怒・きどあいらく
(5) 身・りっしんしゅっせ
(6) 同・だいどうしょうい
(7) 故・おんこちしん
(8) 方・はっぽうびじん
(9) 入・たんとうちょくにゅう
(10) 体・ぜったいぜつめい
(11) 今・ここんとうざい
(12) 投・いきとうごう
(13) 象・しんらばんしょう
(14) 業・じごうじとく
(15) 髪・ききいっぱつ

**ここに注意**
(5)社会的に高い地位を得て、世に認められること、という意味。(10)「絶対〜」、(15)「〜一発」と間違えないこと。

**書き**

(1) 袋
(2) 延延（延々）
(3) 改善
(4) 収集
(5) 陥
(6) 唱 ×唱
(7) 朗 ×郎
(8) 種類
(9) 照準
(10) 導
(11) 神秘
(12) 保
(13) 責務
(14) 省
(15) 系列
(16) 発揮
(17) 抱 ×掲
(18) 徒労
(19) 優
(20) 採寸
(21) 伝統
(22) 穀物 ×殻
(23) 養
(24) 連
(25) 温厚
(26) 講 ×構
(27) 推移
(28) 共鳴
(29) 勤勉
(30) 健康
(31) 染
(32) 重視
(33) 幹線 ↕支線
(34) 裁 ×栽
(35) 忠告

**ここに注意**

(19)「やさしい」は、他に簡単だという意味の「易しい」という字がある。

**読み**

(1) さいばい
(2) ひがた ×かんがた
(3) なめ
(4) ゆず
(5) はがね
(6) そな
(7) はんも
(8) しょうあく
(9) なっとく
(10) いちじる
(11) てってい
(12) そっちょく
(13) は
(14) しゅうにん
(15) げんせん
(16) とうめい
(17) けんちょ
(18) すいとう ×しゅつのう
(19) ぎんみ
(20) よか

**ここに注意**

(10)「著しい」、(17)「顕著」はどちらも、はっきりわかるほど際立って目につくさまをいう。
(19)「吟味」とは、物事をよく調べ、確かめることである。

**四字熟語③**

(1) 転・ほんまつてんとう
(2) 挙・いっきょりょうとく
(3) 日・にっしんげっぽ
(4) 理・りろせいぜん
(5) 改・ちょうれいぼかい
(6) 体・ひょうりいったい
(7) 退・いっしんいったい
(8) 壮・たいげんそうご
(9) 始・いちぶしじゅう
(10) 行・しこうさくご
(11) 銘・しょうしんしょうめい ×明
(12) 夢・むがむちゅう
(13) 早・じきしょうそう
(14) 回・きしかいせい
(15) 千・いちじつせんしゅう（いちにちせんしゅう）

**ここに注意**

(12)無我**夢**中と五里**霧**中を混同しないように注意。
(15)「千秋」とは、千年のことで、転じて非常に長く感じるという意味。

## 4時間目 読み書き・送りがな

▼10・11ページ

### 書き

(1) 指摘 ×敵
(2) 納豆
(3) 把握
(4) 錯覚
(5) 証拠
(6) 犠牲
(7) 概念
(8) 紹介
(9) 抵抗
(10) 扉
(11) 歓迎 ×観
(12) 収穫
(13) 極端
(14) 深刻
(15) 排除
(16) 丁寧
(17) 我慢 ×漫
(18) 保障
(19) 循環
(20) 真剣 ×検・険
(21) 素朴
(22) 輪郭
(23) 妥協
(24) 領域
(25) 特徴 ×微
(26) 操作
(27) 機嫌
(28) 奇妙
(29) 秩序
(30) 依然
(31) 前提
(32) 展開
(33) 綿密 ×絹
(34) 傾向
(35) 緊張 ×帳

**ここに注意**
(30)「以前」などの同音異義語としてもよく出題される。文意に応じて使い分けよう。

### 読み

(1) はちう
(2) つの
(3) すいこう ×すうこう
(4) ひんぱん
(5) ひそ
(6) あきな
(7) ふうりん
(8) ぎょうし
(9) ともな
(10) とぼ
(11) ひた
(12) おこた
(13) ゆいいつ ×ゆいつ
(14) おさ
(15) すみ
(16) えつらん
(17) くわだ
(18) つらぬ
(19) きはく
(20) かじょう

**ここに注意**
(8)「凝視」とは、じっと見つめること。
(19)「希薄」とは、液体や気体の濃度や密度がうすいこと。

### 送りがな

(1) 浴びる
(2) 営む
(3) 臨む
(4) 招く
(5) 避ける
(6) 耕す
(7) 訪れる
(8) 支える
(9) 慰める
(10) 厳しい
(11) 勧める
(12) 漂う
(13) 鮮やか
(14) 慌てる
(15) 緩やか

## 書き

(1) 臨海
(2) 筋道
(3) 今朝
(4) 譲歩
(5) 貯蔵
(6) 汽笛
(7) 幼 ×幻
(8) 沿 ×浴・添
(9) 事態
(10) 批評
(11) 株
(12) 独特
(13) 吸収
(14) 興奮 ×奪
(15) 慎重
(16) 候補 ×侯
(17) 混乱
(18) 勢
(19) 転換
(20) 恩恵
(21) 編
(22) 栽培 ×裁
(23) 挑
(24) 閉幕 ×募
(25) 根拠
(26) 垂
(27) 就職
(28) 採掘 ×堀
(29) 暇 ×暇
(30) 購入
(31) 敏感
(32) 余裕
(33) 瞬間
(34) 魅力
(35) 促

**ここに注意**
(3)熟字訓の一つ。
(6)たけかんむりの下は「田」ではなく「由」である。
(32)余裕の「裕」は「しめすへん」ではなく、「ころもへん」である。

## 読み

(1) しょうぶん ×せいぶん
(2) のが
(3) せいぎょ
(4) つど
(5) ゆうよ
(6) ほこ
(7) けしいん
(8) るいじ
(9) けいだい ×きょうない
(10) あやつ
(11) ひろう
(12) あきら
(13) た
(14) ちんもく
(15) ばいたい
(16) う
(17) こくめい
(18) ほうがん
(19) もよお
(20) すす

**ここに注意**
(19)「もよお―す」で「もよう―す」とはしないこと。

## 同音異義語①

(1) A以外 B意外
(2) A選挙 B占拠
(3) A移動 B異動
(4) A営利 B鋭利
(5) A保証 B補償
(6) A進行 B振興
(7) A侵攻 B親交
(8) A対象 B対称
(9) A関心 B感心
(10) A普遍 B不変
(11) A時季 B時機
(12) A意義 B異議
(13) A衛星 B衛生
(14) A器官 B帰還
(15) A機関 B気管

## 読み書き・同音異義語② ▼14・15ページ

### 書き

(1) 帯
(2) 枚挙
(3) 張
(4) 構築
(5) 鍛
(6) 打破
(7) 隔
(8) 功績 ×積
(9) 専
(10) 応
(11) 陳情 ×陣
(12) 基盤
(13) 廃棄 ×排
(14) 威圧
(15) 湖畔
(16) 携
(17) 奮起
(18) 浸透
(19) 力任
(20) 権益
(21) 航海
(22) 林立
(23) 納 ×収
(24) 録画 ×録
(25) 誘導 ×道
(26) 索引
(27) 中枢
(28) 刺激
(29) 冒頭
(30) 沿革 ×円・延
(31) 祖母
(32) 声援
(33) 潔 ×潔
(34) 包装
(35) 危

**ここに注意**
(11)「陳」という字には、言葉で述べる、申し立てるなどの意味がある。「陳述」という熟語もある。

### 読み

(1) せっちゅう
(2) おちい
(3) やわ
(4) うかが
(5) さえぎ
(6) かじゅう
(7) かえり
(8) いくえ ×いくじゅう
(9) はくしゃ
(10) げんかく
(11) よくよう
(12) しょうそう
(13) はやわざ
(14) いや
(15) つい
(16) ぜんじ ×ざんじ
(17) はげ
(18) いきどお ×いきどう
(19) しゅうとく
(20) じゅんかつ

**ここに注意**
(12)「焦燥」とは、あせっていらだつこと。

### 同音異義語②

(1) A 過程 B 仮定
(2) A 家庭 B 課程
(3) A 野生 B 野性
(4) A 追求 B 追究
(5) A 非難 B 避難
(6) A 精算 B 生産
(7) A 軽快 B 警戒
(8) A 相違 B 創意
(9) A 規準 B 基準
(10) A 収拾 B 収集
(11) A 週間 B 週刊
(12) A 霧中 B 夢中
(13) A 機械 B 機会
(14) A 健闘 B 見当
(15) A 意向 B 以降

**書き**

(1) 改修 ×回収
(2) 賄
(3) 後悔 ×侮
(4) 需要
(5) 蓄積 ×績
(6) 著名
(7) 補 ×補
(8) 停止
(9) 雑誌
(10) 黙
(11) 農耕
(12) 軍配
(13) 借 ×貸
(14) 維持
(15) 創造 ×想像
(16) 離
(17) 蒸 ×蒸
(18) 悲哀
(19) 差
(20) 専念
(21) 祝賀
(22) 豊富
(23) 慣
(24) 束
(25) 交
(26) 飼育
(27) 事例
(28) 跳 ×飛
(29) 格別
(30) 遺産 ×遣
(31) 暴
(32) 真顔
(33) 未知
(34) 博覧
(35) 典型 ×形

**ここに注意**

(12)「軍配が上がる」で、試合や競争などの判定で勝ちが示されるという意味。
(18)哀に似た字として「衰・喪」がある。
(20)専、(34)博は誤って点を加えたり取ったりしないように注意。

**読み**

(1) あや
(2) しょうがい
(3) あら
(4) あず
(5) いっしゅう
(6) ふんとう
(7) ひた
(8) まぎ
(9) たち
(10) たずさ
(11) かたよ
(12) まいせつ
(13) たいしゃ ×だいしゃ
(14) びょうしゃ
(15) ばくぜん
(16) ぬ
(17) さんぴ
(18) かか
(19) とうひ
(20) しょうさい

**ここに注意**

(10)「携わる」は、ある物事に関係すること。
(15)ぼんやりとして、はっきりしないさま、という意味。
(17)賛否の否は、「ひ」と読むのではなく、「ぴ」である。

**同音異義語③**

(1) A異常 B以上
(2) A干渉 B鑑賞
(3) A観賞 B感傷
(4) A解放 B開放
(5) A回想 B改装
(6) A特異 B得意
(7) A雄姿 B融資
(8) A規制 B既製
(9) A帰省 B既成
(10) A指示 B支持
(11) A転嫁 B添加
(12) A思考 B施行
(13) A試行 B志向
(14) A耕作 B交錯
(15) A不朽 B普及

## 書き

(1) 湿
(2) 憩
(3) 厳
(4) 嘆
(5) 協賛
(6) 信仰
(7) 傑作
(8) 口語
(9) 清貧
(10) 被
(11) 強
(12) 抑揚 ×仰
(13) 裁判官
(14) 称賛（賞賛）
(15) 獲得 ×穫
(16) 歓声 ×勧
(17) 拍子
(18) 挑戦
(19) 占領
(20) 源泉
(21) 矛盾
(22) 掲載
(23) 即座
(24) 絶景
(25) 燃
(26) 便乗
(27) 形相
(28) 博 ×博
(29) 撤去 ×撒
(30) 偏見
(31) 妥当
(32) 削除
(33) 徐行 ×除
(34) 考慮
(35) 謙虚

**ここに注意**

(6)仰の部首の隣の部分を「卯」としないこと。
(26)「便乗」とは、巧みに機会をとらえて利用するという意味。

## 読み

(1) ちゅうぞう ×じゅぞう
(2) きも
(3) はんせん ×ほせん
(4) ようし
(5) たく
(6) かへい
(7) うるし
(8) たんらく
(9) ざっとう
(10) しゅぎょく
(11) もほう
(12) ふせつ ×しきせつ
(13) はっしょう
(14) しぐれ
(15) こと
(16) こうてつ
(17) すた
(18) かわせ
(19) びより
(20) ふく

**ここに注意**

(14)時雨、(18)為替、(19)日和はいずれも熟字訓で、特別な読み。
(19)「小春日和」とは、春を思わせるような初冬のぽかぽかとあたたかい日のこと。

## 同訓異字①

(1) A利く B効く
(2) A備える B供える
(3) A厚い B暑い
(4) A見る B診る
(5) A採る B撮る
(6) A捕る B執る
(7) A誤る B謝る
(8) A計る B図る
(9) A測る B諮る
(10) A絶つ B断つ
(11) A建つ B裁つ
(12) A推す B押す
(13) A降る B振る
(14) A痛む B傷む
(15) A裂く B割く

## 9時間目 読み書き・同訓異字② ▼20・21ページ

### 書き

(1) 由来
(2) 熟練
(3) 繊細 ×線
(4) 抗議 ×義
(5) 真偽
(6) 方策 ×法
(7) 辞令
(8) 庶民
(9) 愉快
(10) 依存
(11) 開拓
(12) 軌道
(13) 英気 ×鋭気
(14) 端的 ×短・単
(15) 健
(16) 白日
(17) 漂着
(18) 節操
(19) 功 ×巧・効
(20) 活躍
(21) 参政
(22) 誇示 ×固持
(23) 待望
(24) 動向
(25) 提供
(26) 処分
(27) 頻発
(28) 承認
(29) 偏
(30) 崇拝
(31) 縮小
(32) 円滑
(33) 会心
(34) 焦
(35) 衝突 ×衝

**ここに注意**

(10)「いぞん」ともいう。
(19)「奏功」という熟語がある。
(33)「**会心**」は「快心」、「回心」、「改心」ではない。「会心」は心にかなうという意味。

### 読み

(1) たお
(2) たくわ
(3) たいだ
(4) むぞうさ
(5) けた
(6) ぜんぷく
(7) なぞ
(8) ろぼう
(9) はいせき
(10) ていさい
(11) だこう ×じゃこう
(12) すいせん
(13) がいきょう ×がいじょう
(14) ようしゃ
(15) そしな
(16) つゆ
(17) しゆう
(18) きが
(19) きざ
(20) どんてん

**ここに注意**

(9)「排斥」とは、受け入れられず退けること。説明文などに多用されるので、意味も押さえる。

### 同訓異字②

(1) A 収める　B 治める
(2) A 修める　B 納める
(3) A 経る　B 減る
(4) A 訪ねる　B 尋ねる
(5) A 積む　B 摘む
(6) A 請ける　B 受ける
(7) A 乾く　B 渇く
(8) A 冒す　B 犯す
(9) A 顧みる　B 省みる
(10) A 占める　B 締める
(11) A 澄む　B 済む
(12) A 登る　B 昇る
(13) A 就く　B 付く
(14) A 負う　B 追う
(15) A 解く　B 説く

## 10時間目 読み書き・類義語 ①

▼22・23ページ

### 書き

(1) 縛 ×博・薄
(2) 奔放
(3) 執着
(4) 主催
(5) 趣旨 ×主
(6) 赴
(7) 看護 ×観
(8) 完備
(9) 邪魔 ×摩
(10) 圧巻 ×感・観
(11) 有頂天 ×点
(12) 根底 ×低
(13) 本望
(14) 自明
(15) 加減
(16) 施設
(17) 博士
(18) 都度
(19) 繁殖
(20) 抜群
(21) 点呼
(22) 覆
(23) 沈
(24) 柔軟 ×難
(25) 凍結
(26) 抽出
(27) 促進
(28) 清掃
(29) 負債 ＝借金・債務
(30) 率直
(31) 滞
(32) 潤
(33) 首尾 ×守備
(34) 殺到 ×倒
(35) 稚魚

**ここに注意**

(2)「奔」の字形をしっかり覚えよう。
(14)「自明」とは、説明するまでもなく明らかなこと。
(33)「首尾」とは、物事の始めと終わりのこと。

### 読み

(1) もよ
(2) ととの
(3) ひよく
(4) かぶき
(5) ちんぷ
(6) わずら
(7) ゆうぜい ×ゆうぜつ
(8) きしゃく
(9) こば
(10) がけ
(11) しゅういつ
(12) へいがい
(13) つたな
(14) こうけん
(15) すで
(16) あいそう
(17) せっしゅ
(18) がんらい
(19) かぎ
(20) あまも

**ここに注意**

(7)「遊説」は、自身の意見や主張を説いて歩くこと。

### 類義語①

(1) 迎合・追従
(2) 異議・異論
(3) 安価・廉価
(4) 推察・憶測
(5) 集会・会合
(6) 評判・風聞
(7) 没頭・専念
(8) 案外・意外
(9) 外見・体裁
(10) 気質・性格
(11) 除外・排斥
(12) 賃金・給料
(13) 効用・効果
(14) 精密・綿密
(15) 案内・誘導

## 書き

(1) 紛糾
(2) 吉凶
(3) 格闘
(4) 太古 ×大
(5) 懐中 ×壊
(6) 強烈 ×裂
(7) 墜落 ×追
(8) 反
(9) 膨張
(10) 撲滅
(11) 面影
(12) 早速
(13) 疎遠
(14) 勧誘
(15) 戯曲
(16) 穏 ×隠
(17) 巡視
(18) 倫理
(19) 奮 ×振
(20) 合点
(21) 殻 ×殼・穀
(22) 丹精(丹誠) ×舟
(23) 暦 ×歴
(24) 果報
(25) 幾何
(26) 繕
(27) 変更
(28) 拝啓
(29) 樹脂 ×旨
(30) 扱
(31) 彫刻
(32) 葬儀
(33) 粗野
(34) 寄与
(35) 一緒

**ここに注意**

(15)「戯曲」とは、劇ができるように書かれた文芸作品のこと。
(20)「がてん」ともいう。
(22)「丹精」とは、心をこめて物事を行うこと。
(28)「拝啓」は、手紙のはじめに書く挨拶の語で、謹んで申し上げますという意味。

## 読み

(1) けんがい
(2) せつじょく
(3) へいそくかん
(4) てんじょう
(5) ちんこんか
(6) ぼうきゃく
(7) ゆうりょ
(8) とふ
(9) なんじゅう
(10) したく
(11) きとく
(12) じょうと
(13) まくら
(14) せば
(15) しょくぼう ×ぞくぼう
(16) はし
(17) るいせき
(18) こうりょう
(19) ちゆ
(20) ぐもん

**ここに注意**

(13)「枕をぬらす」は、寝ながらひどく泣き悲しむことを表す。
(14)「せ(まる)」ではなく「せば(まる)」と読む。
(18)「綱領」は、政党の方針や主義・主張を示したものをいう。

## 類義語②

(1) 短
(2) 終
(3) 唆
(4) 広
(5) 履
(6) 範
(7) 理
(8) 念
(9) 準
(10) 潮
(11) 省
(12) 方
(13) 耐
(14) 過
(15) 着
(16) 美
(17) 構
(18) 不
(19) 胆
(20) 安
(21) 互
(22) 決
(23) 賛
(24) 易
(25) 意
(26) 分
(27) 討
(28) 有
(29) 自
(30) 誉

## 12時間目 読み書き・対義語 ①

▼26・27ページ

### 書き

(1) 支障
(2) 簡単
(3) 意図
(4) 反映
(5) 負担
(6) 期待 ×持
(7) 効率 ×卒
(8) 冒険
(9) 崩
(10) 賢明
(11) 顕著
(12) 環境
(13) 要請
(14) 辛抱 ×幸
(15) 赴任
(16) 観察
(17) 衝撃
(18) 依頼 ×衣
(19) 脅威
(20) 自慢
(21) 平穏 ×隠
(22) 匹敵
(23) 寛容
(24) 措置
(25) 感慨 ×概
(26) 交渉
(27) 該当
(28) 催促
(29) 派遣
(30) 迷惑
(31) 比較
(32) 無駄
(33) 携帯
(34) 華
(35) 正札

**ここに注意**
(35)「正札」とは、商品につける掛値なしの正しい値段を書いた札のこと。

### 読み

(1) かんわ
(2) ほどこ
(3) こ
(4) やっかい
(5) こちょう
(6) きろ
(7) とうたつ
(8) せいじゃく
(9) ぼうがい
(10) ばっさい
(11) はんい
(12) とつじょ
(13) こうけん
(14) きょしゅ
(15) むく
(16) しきさい
(17) いつわ
(18) ほったん ×はったん
(19) にぶ
(20) ていぼう

**ここに注意**
(6)「岐路」とは、どういった道を選ぶべきか決めなければならない、将来に関わるような重大な分かれ道。

### 対義語 ①

(1) 析
(2) 粋
(3) 清
(4) 慢
(5) 印
(6) 拡
(7) 浪
(8) 疎
(9) 胆
(10) 屈
(11) 冗
(12) 閉
(13) 権
(14) 抽
(15) 益
(16) 許
(17) 集
(18) 干
(19) 革
(20) 秘
(21) 退
(22) 粗
(23) 疎
(24) 益
(25) 明
(26) 脱
(27) 被
(28) 離
(29) 余
(30) 後

書き

(1) 侮辱
(2) 独占
(3) 沸 ×湧
(4) 不測
(5) 潔癖 ×壁
(6) 優雅
(7) 網羅 ×綱
(8) 満喫
(9) 容姿
(10) 実態
(11) 斜面
(12) 越 ×超
(13) 胃腸
(14) 懸命 ×賢明
(15) 眺
(16) 腐食
(17) 感嘆
(18) 弁解
(19) 搭載 ×登・塔
(20) 朗読
(21) 家計
(22) 迅速
(23) 柔和
(24) 連鎖
(25) 風邪
(26) 遭遇
(27) 保留
(28) 克服
(29) 賢 ×覧・腎
(30) 魂
(31) 牧畜 ×蓄
(32) 遵守(順守)
(33) 凝
(34) 落胆
(35) 濃淡

**ここに注意**

(7)「網羅」の網も羅も「あみ」という意味で、羅は細糸で編んだあみのこと。
(19)「搭載」の「搭」は、「塔」としてはいけない。「搭」は、のる、のせるという意味がある。「飛行機の搭乗券」などと使う。

読み

(1) そうげい
(2) かいこん
(3) あこが
(4) ばっすい
(5) さはんじ
(6) きじ
(7) せいきょ ×いきょ
(8) とくめい ×じゃくめい
(9) きんさ
(10) らんよう
(11) ひざ
(12) るり
(13) ほそう
(14) ひげ
(15) もう
(16) なごり
(17) ぼうだい
(18) しょほうせん
(19) ほま
(20) そげき

**ここに注意**

(5)「茶飯事」とは、ありふれたこと。
(7)「逝去」は、死ぬことを敬っていう語。
(10)「乱用」とも書く。
(16)「名残」は「り」を送らない。

対義語②

(1) 重
(2) 拾 ×捨
(3) 結
(4) 然
(5) 縮
(6) 相
(7) 欠
(8) 個
(9) 純
(10) 険 ×検
(11) 否 ×非
(12) 野
(13) 尚
(14) 答
(15) 存
(16) 特
(17) 壊
(18) 難
(19) 主
(20) 費
(21) 促
(22) 内
(23) 美
(24) 必
(25) 劣
(26) 静
(27) 適
(28) 例
(29) 祖
(30) 散

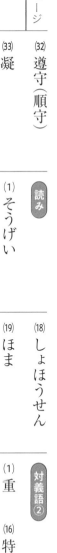

## 書き

(1) 得体
(2) 残酷
(3) 対照
(4) 素性(素姓)
(5) 食傷 ×障
(6) 起伏
(7) 貢献
(8) 諮問 ×試
(9) 喚起 ×換
(10) 崩壊
(11) 甲乙 ×申
(12) 塀
(13) 駆逐 ×遂
(14) 朽
(15) 免疫
(16) 還元 ×換源
(17) 大御所
(18) 締結
(19) 公算
(20) 解剖 ×倍・培
(21) 享受
(22) 征服 ×制
(23) 鉄鋼
(24) 汚濁
(25) 生殖 ×植
(26) 大勢
(27) 貨幣 ×弊
(28) 陶酔
(29) 包容 ×抱擁
(30) 平生
(31) 慈愛
(32) 徒歩
(33) 旋回
(34) 敬遠
(35) 欠陥

**ここに注意**

(3)「対照」と同音の熟語に「対称」「対象」がある。意味を知って使い分けること。
(27)「貨幣」を「貨弊」としないこと。弊は「弊害」などと使う。

## 読み

(1) ていちょう
(2) おんけん
(3) むい
(4) うれ
(5) あかつき
(6) はんぷ ×ふんぷ
(7) どたんば
(8) そうごん
(9) しさ(じさ)
(10) えり
(11) けねん
(12) ふんべつ
(13) いくじ
(14) はんてん
(15) だれ
(16) あざむ
(17) みがら
(18) さと
(19) ひさん
(20) はくだつ

**ここに注意**

(6)「頒布」の「頒」は分け与えるの意。形の似ている「領」と間違えないこと。
(12)「分別」は道理をわきまえているという意味のときは「ふんべつ」、種類によって分けるという意味のときは「ぶんべつ」と読む。
(20)剝は音読みが「ハク」、訓読みが「はーぐ」などと読む。

## 誤字訂正①

(1) 体→態
(2) 堅→権
(3) 移→異
(4) 欺→偽
(5) 気→機
(6) 複→復
(7) 仮→架
(8) 積→績
(9) 勧→観
(10) 非→避
(11) 身→心
(12) 議→疑
(13) 展→典
(14) 切→折
(15) 格→角

## 書き

(1) 踏襲
(2) 逸脱 ×奪
(3) 濃紺
(4) 布石
(5) 忍従 ×認
(6) 唐突
(7) 自粛 ×縮
(8) 罷免
(9) 委
(10) 削減
(11) 投影
(12) 表層
(13) 辞退
(14) 略奪 ×奮
(15) 喪失
(16) 慰労
(17) 真髄
(18) 乾燥
(19) 宣誓
(20) 幻 ×幼
(21) 風潮 ×朝
(22) 是正
(23) 自炊
(24) 骨子
(25) 握
(26) 媒介
(27) 奇異
(28) 代償
(29) 衰 ×喪・哀
(30) 阻止
(31) 便宜
(32) 奉仕
(33) 穏便
(34) 風情
(35) 輩出

**ここに注意**

(15)「喪」と(29)「衰」は字の形が似ているので注意。
(31)「宜」と形の似た字に(19)の「宣」がある。
(32)の「奉」は横線の数に注意。

## 読み

(1) だんがい
(2) わんぱく
(3) りちぎ ×りつぎ
(4) つか
(5) ちくじ ×すいじ
(6) しっそう
(7) いき
(8) ちんじゅ
(9) と
(10) しんせい
(11) かんまん
(12) しょうちゅう
(13) しゅんぱつ
(14) ぞう
(15) しにせ
(16) とうさい
(17) あいとう ×あいたく
(18) かんかつ
(19) ざんじ ×ぜんじ
(20) ひか

**ここに注意**

(1)「弾劾」とは、罪や不正を調べて責任を問うこと。「劾」は「刻」と形は似ているが、同音ではない。
(14)「蔵する」とは、内に含み持つ、所蔵するということ。

## 誤字訂正②

(1) 信→審
(2) 到→倒
(3) 症→傷
(4) 決→欠
(5) 屋→家
(6) 沿→添
(7) 調→潮
(8) 指→司
(9) 壮→荘
(10) 遇→偶
(11) 心→身
(12) 討→登
(13) 卒→率
(14) 導→道
(15) 下→解

## 総仕上げテスト ①

▼34〜36ページ

1
(1) はげ
(2) ほんやく
(3) けんちょ
(4) かんすい
(5) おちい
(6) 展覧
(7) 届
(8) 責任
(9) 快挙
(10) 朗

2
(1) イ
(2) ア
(3) エ
(4) ウ

3
(1) イ
(2) ウ
(3) ウ
(4) エ
(5) ア

4
(1) ウ
(2) エ
(3) キ
(4) ア
(5) ク
(6) カ

5
(1) エ
(2) イ
(3) エ
(4) イ

6
① オ
② イ

7
(1) ウ
(2) エ

8
(1) 卓
(2) 架
(3) 迎
(4) 柔
(5) 納

9
(1) 引
(2) 髪
(3) 単
(4) 無
(5) 因
(6) 画
(7) 機

10
(1) 施す
(2) 巧み
(3) 預ける
(4) 越える
(5) 操る
(6) 偏る
(7) 刻む
(8) 費やす
(9) 抱える
(10) 仰ぐ
(11) 押さえる
(12) 委ねる
(13) 渋い

## 総仕上げテスト ②

▼37〜39ページ

1
(1) ア
(2) ウ
(3) イ
(4) オ
(5) エ

2
ウ

3
A 拒否
B 承諾

4
急

5
(1) 馬耳
(2) 万別
(3) 以心伝心

6
無

7
Ⅰ群 エ
Ⅱ群 オ

8
(1) ウ
(2) イ

9
ア

10
(1) Ⅰ群 イ
Ⅱ群 ク
(2) エ

11
素